LA RELATION D'AIDE

Jean-Luc Hétu

LA RELATION D'AIDE

Guide d'initiation et de perfectionnement

éditions du Méridien

I S B N 2-920417-00-2
Maquette de la couverture: Groupe Communidée Inc.

Dépôt légal — 3e trimestre 1982 — Bibliothèque nationale du Québec.
Imprimé au Canada

Avant-propos

Le modèle de relation d'aide présenté dans ce volume est destiné à deux catégories de personnes. D'une part, ceux et celles qui se préparent au métier d'aidant trouveront dans ces pages tous les éléments de base nécessaires à cet effet. D'autre part, ceux et celles dont le métier est d'abord autre chose (consultation en gestion, intervention en santé communautaire, etc.) trouveront ici un modèle leur permettant de poursuivre leurs objectifs professionnels propres tout en tenant compte de l'individualité et du vécu des personnes auprès desquelles ils interviennent. Ce modèle est d'ailleurs utilisable non seulement auprès d'individus, mais auprès de groupes de tailles variées.

Les utilisateurs du modèle devront toutefois doser selon leur temps disponible l'exploration du vécu de leurs aidés. Des médecins ou des avocats peuvent aider leurs patients ou leurs clients à clarifier leur vécu personnel en relation avec le problème spécifique qui les amène en consultation. Peu d'entre eux cependant pourraient accompagner ces personnes dans une exploration prolongée de leur vécu. Chaque aidant devra donc opérer les ajustements nécessaires, selon les circonstances et selon ce qui lui convient.

Ceci dit, rappelons que l'univers de la relation d'aide est un domaine passionnant, et que ceux à qui il est donné d'y pénétrer sont certes des privilégiés.

Je veux remercier en terminant Marie-Chantal Guédon et Louise Léger pour leurs judicieuses observations qui m'ont permis d'améliorer sensiblement ce volume.

Jean-Luc Hétu

CHAPITRE 1

Ce qu'aider veut dire

Lorsque j'aide quelqu'un, je joins mes efforts aux siens, tout en lui laissant la direction des opérations. Dans le cas contraire, je cesse d'être un aide, un assistant, pour devenir un maître ou un contremaître. Lorsque, sur un chantier, un ingénieur ou un contremaître expliquent à leurs subalternes les données d'une situation problématique, tous peuvent unir leurs efforts pour tenter de trouver la solution la plus efficace ou la moins coûteuse. Mais ce sont les techniciens ou les hommes de métier qui aident leur supérieur, car c'est celui-ci qui décidera par la suite de la marche à suivre, après avoir consulté ses «assistants».

Aider, c'est donc mettre des ressources *complémentaires* à la disposition d'une personne ou d'une cause. Et dans tous les cas, il est entendu que c'est la personne qui dispose des ressources principales, c'est-à-dire l'aidé, qui décide de la marche à suivre.

La *nature* de ces ressources complémentaires qui sont mises à la disposition de l'aidé permet de distinguer trois grands types d'aide.

1. Les ressources physiques ou matérielles: aider quelqu'un à payer une dette, aider un voisin à déblayer son entrée enneigée, aider une personne tombée à se relever, etc. On parlera spontanément ici de service rendu à la personne ainsi aidée.

2. Les ressources spécialisées, de l'ordre du savoir et du savoir-faire: se faire aider par un comptable lorsque le rapport d'impôt s'avère trop compliqué, se faire aider par le pharmacien pour choisir le médicament qui convient le mieux... On parlera ici de se faire assister par «un spécialiste».

3. Les ressources d'ordre relationnel: les ressources mises à la disposition de la personne aidée consistent principalement ici dans les aptitudes de l'aidant à créer une relation facilitant l'exploration du problème et de sa solution. C'est dans ce troisième cas qu'il s'agit de «relation d'aide» à proprement parler.

Les situations comprises dans ce troisième type sont fort diverses: la mère qui aide son enfant à dire pourquoi il a peur, la patronne qui essaie de clarifier avec un employé pourquoi celui-ci songe à remettre sa démission, un professeur qui explore avec un étudiant les raisons de son manque de motivation à l'étude...

Si l'on regarde maintenant ce qui peut amener quelqu'un à demander de l'aide, on peut distinguer entre des raisons externes et des raisons internes.

Les *raisons externes* regroupent tous les événements perturbants survenant dans l'entourage immédiat du sujet, mais indépendamment de celui-ci: maladie ou décès d'un proche, perte d'emploi pour des motifs autres que la performance ou le fonctionnement personnel du sujet, grossesse imprévue, etc.

Quant aux *raisons internes,* elles comprennent à la fois les événements reliés au sujet (conflits interpersonnels, démêlés avec la loi, abus d'alcool, ...) et des indices moins spectaculaires mais tout aussi troublants: perte d'appétit, insomnie, fatigue chronique, idées de suicide, pleurs inexpliqués, tension, morosité, etc.

À la limite, quelqu'un peut fonctionner très bien aux yeux de son milieu social, mais sentir intérieurement que cela «ne tourne pas rond». L'histoire du «jeune homme riche» de l'Évangile est typique à cet égard. Cet homme n'avait aucun problème de fonctionnement interpersonnel, et se trouvait tout à fait en mesure de respecter les normes de son milieu dans son comportement, et de plus, il n'avait pas eu de difficulté à se tailler une bonne place dans le système social (ce à quoi bon nombre d'humains consacrent toute leur vie).

Mais il avait un problème: celui de savoir ce que vivre veut dire, comment il faut agir pour ne pas gâcher son existence (Mt 19, 16-22).

Ces raisons internes de type «existentiel» occupent peu de place dans les manuels de psychologie, possiblement parce qu'il est plus difficile pour l'aidant d'y faire face. Mais un auteur estime que ce type de problème, s'il n'est pas résolu, entraîne des sentiments qui varient de l'ennui au désespoir, et à la limite, à la désintégration de la personnalité[1].

Un autre thérapeute parle en ce sens de la «'névrose du dimanche', cette sorte de dépression affligeant les personnes qui deviennent conscientes du manque de contenu dans leur vie lorsque la pression de la semaine cesse et que leur vide intérieur devient manifeste»[2].

LES OBJECTIFS DE LA RELATION D'AIDE

Il ressort de cette brève description que la relation d'aide peut poursuivre trois objectifs distincts:

1. Aider quelqu'un à passer à travers un coup dur (événement perturbant indépendant de l'aidé);
2. Aider quelqu'un à améliorer son fonctionnement personnel, suite à une meilleure compréhension de sa façon actuelle de fonctionner: cesser de s'effacer et prendre davantage de place, ou au contraire, cesser de dominer et apprendre à tenir compte des autres, etc.;
3. Aider quelqu'un à se mettre à l'écoute de ses voix intérieures et à discerner ses appels existentiels

(Frankl écrit à ce propos: «Je pense que nous n'inventons pas la signification de notre existence, mais plutôt que nous la détectons.»[3]).

Dans la pratique, ces trois objectifs sont fréquemment entremêlés car ce sont habituellement les événements extérieurs qui déclenchent les crises internes: la perte d'un être cher ou une maladie peut facilement amener le sujet à prendre la mesure de sa propre existence; de même, un événement d'abord vécu comme quelque chose «qui arrive» peut en venir par la suite à être interprété comme la conséquence d'un fonctionnement personnel déterminé: un divorce, un congédiement...

La personne qui donne de l'aide doit donc suivre de près le cheminement de l'aidé, et s'ajuster en conséquence, d'une façon qui se clarifiera au fil des prochains chapitres. On pourrait clore pour l'instant ce développement avec les deux propositions suivantes: Plus une personne jouit d'un fonctionnement psychologique sain, plus elle peut vivre des expériences exigeantes sans se sentir démesurément bousculée. Par exemple: vivre un deuil ou une séparation, ne pas obtenir l'emploi sollicité. Cette personne peut alors s'en tirer au besoin avec un support circonstanciel de la part de l'aidant.

Et inversement, plus une personne a un fonctionnement psychologique problématique, moins les événements extérieurs ont besoin d'être dramatiques pour déclencher une crise interne. Par exemple: une personne «insécure» qui se sent facilement rejetée vivra un petit drame si l'ami d'un ami organise une fête sans l'inviter. Dans ce dernier cas, l'aidant qui veut être vraiment efficace devrait faire plus que de donner un support passager, et amener l'aidé à explorer de plus près sa façon de réagir à l'événement et le pourquoi de cette réaction.

Nous sommes partis d'une définition sommaire de l'expérience d'aider, à l'effet qu'aider quelqu'un, c'est joindre mes efforts aux siens tout en lui laissant la direction des opérations. En s'inspirant du psychologue Brammer, on pourrait maintenant définir la relation d'aide comme une relation dans laquelle une personne (l'aidant) fournit à une autre (l'aidé) certaines des conditions dont celle-ci a besoin pour satisfaire ses besoins fondamentaux[4].

AIDER À SATISFAIRE LES BESOINS FONDAMENTAUX

Nous illustrerons cette définition de la relation d'aide en nous basant sur la séquence des besoins fondamentaux telle que présentée par le psychologue Maslow[5].

Le premier niveau des besoins fondamentaux est celui des besoins *physiologiques:* manger, boire, dormir, respirer, etc. Et de fait, plusieurs personnes qui demandent de l'aide s'avèrent partiellement privées de l'un ou l'autre de ces besoins: elles ont perdu tout appétit et mangent anormalement peu, elles souffrent d'insomnie et ne dorment presque plus, elles ont la gorge, la cage thoracique et l'abdomen tellement comprimés qu'elles ne respirent qu'à peine assez d'oxygène pour survivre...

L'aidant peut faciliter indirectement la satisfaction de ces besoins physiologiques, dans la mesure où le déroulement du processus d'aide aura pour effet d'abaisser le niveau d'anxiété de l'aidé, et d'élever le niveau de son énergie. La démarche permettant d'obtenir ces effets se clarifiera au fil des chapitres qui suivent.

Le second niveau des besoins fondamentaux est celui du besoin de *sécurité.* L'aidant concourt à satisfaire ce besoin dans la mesure où il communique à l'aidé qu'il l'accepte comme il est, sans le rejeter, le menacer, ou faire pression sur lui pour le changer.

Cette sécurité face à son interlocuteur permet à l'aidé d'accumuler progressivement de la sécurité face à son vécu, c'est-à-dire d'en arriver à ne plus avoir peur de faire face à ses émotions, à ses blessures, à ses conflits, et plus tard, à son environnement familial et social.

Le troisième niveau des besoins fondamentaux est celui des besoins d'*amour* et d'*appartenance*. L'expérience d'être aimé consiste essentiellement à se sentir profondément compris et accepté. L'empathie de l'aidant, que nous définirons plus loin, permet à l'aidé de se sentir compris «de l'intérieur», et l'acceptation de l'aidant permet à l'aidé de se sentir accepté tel qu'il est.

Quant au besoin d'appartenance, il est satisfait lorsque le sujet sent qu'il a sa place quelque part, dans une famille, un groupe ou un milieu donné. Le caractère provisoire de la relation d'aide ne permet pas la satisfaction immédiate de ce besoin. Toutefois, dans la mesure où il découvre progressivement qui il est et quelles sont ses ressources et ses aspirations, l'aidé devient en mesure de s'insérer dans un milieu qui lui convient et où il peut apporter sa contribution. Ce faisant, il développe un sentiment d'appartenance face à ce milieu.

Le quatrième niveau des besoins fondamentaux tels que présentés par Maslow est celui du besoin d'*estime de soi* et de *reconnaissance par autrui.* Suite au regard compréhensif et acceptant que l'aidant porte sur lui, l'aidé en arrive à se sentir moins coupable, moins inadéquat, à se traiter moins durement, bref, à porter sur lui-même un regard plus positif.

Ces quatre niveaux de besoins fondamentaux débouchent sur ce que Maslow appelle le *besoin d'actualisation,* c'est-à-dire le besoin d'être soi-même, de se réaliser pleinement selon sa vocation propre.

Au fil de la relation d'aide, l'aidé en arrive à découvrir qui il est, à clarifier ce qu'il doit devenir, à identifier les changements à apporter dans ce sens, et à utiliser les ressources et à développer les habiletés requises pour ce faire.

C'est ainsi que l'aidant fournit progressivement à l'aidé la possibilité d'apporter de vraies réponses à ses vrais besoins. Ce faisant, ce dernier cesse d'avoir besoin de recourir à des stratégies inadéquates pour satisfaire des besoins mal identifiés: suralimentation, surconsommation matérielle, abus de tabac, d'alcool, de café, du travail et d'autres drogues, agitation et surmenage, contrôle excessif de soi, tensions chroniques, et autres symptômes.

Si je veux aider quelqu'un, la meilleure façon de m'y prendre, c'est donc de commencer moi-même à répondre à ses vrais besoins en entrevue, lui permettant ainsi de continuer à le faire lui-même en dehors des entrevues.

---

1. BRAMMER, L., *The Helping Relationship, Process and Skills,* Englewood Cliffs, Prentice-Hall, 1973, p. 114.
2. FRANKL, V., *Man's Search for Meaning: an Introduction to Logotherapy,* New York, Pocket Books, 1963, (c. 1959), p. 169.
3. FRANKL, *Man's Search...,* p. 157.
4. Voir BRAMMER, *The Helping...,* pp. 6-8.
5. MASLOW, A., *Motivation and Personality,* Second Edition, New York, Harper and Row, 1970 (c. 1954), pp. 35-51.

CHAPITRE 2

Vers un modèle de la relation d'aide

Après avoir abordé la signification globale de la relation d'aide et ses grands objectifs, regardons maintenant de plus près les mécanismes de base qui sont à l'œuvre dans ce phénomène.

Le présent chapitre fournit un «modèle» de la relation d'aide, c'est-à-dire une représentation graphique des premiers éléments de la relation d'aide et de leurs interactions. Le chapitre qui suit complétera la présentation de ce modèle. Mais examinons d'abord quelques préambules à la relation d'aide, de manière à cerner plus précisément encore l'état d'esprit dans lequel il convient d'aborder cette expérience. Ces préambules sont empruntés au psychologue américain Eugene Kennedy[1], et se présentent comme suit.

Premier préambule: Dans le domaine des problèmes affectifs, un petit coup de pouce peut aider beaucoup. On pourrait commenter cette affirmation de la façon suivante: il suffit parfois d'un simple mot qui vient identifier un sentiment jusqu'ici non reconnu, pour que le paysage se clarifie soudainement et que l'action à entreprendre émerge tout naturellement. Les choses ne sont évidemment pas toujours aussi simples, et la période d'exploration et de confusion peut se prolonger laborieusement. Mais encore ici, chaque coup de pouce peut s'avérer fort précieux pour qui regarde les choses avec un certain recul.

Deuxième préambule: Il n'y a aucun déshonneur à s'avérer impuissant à refaire les gens. Kennedy fait remarquer que même les thérapeutes les plus expérimentés réussissent rarement ce tour de force. Pour qui se fixe comme objectif de réussir même dans les situations les plus compliquées, les échecs peuvent provoquer des éraflures douloureuses pour l'image de son moi. Mais pour qui a acquis un brin de philosophie, de telles expériences font tout simplement partie de la condition humaine telle que nous avons réussi à la comprendre jusqu'ici.

Troisième préambule: La compréhension d'autrui se trouve au cœur de toute démarche de relation d'aide valable. Dans la mesure où je réussis à saisir quelque chose du vécu d'autrui et à le lui communiquer, je contribue par le fait même à l'aider à mieux se comprendre, et donc à progresser.

Quatrième préambule: Toute personne humaine est en principe capable de compréhension, et qui plus est, la compréhension est l'un des rares ingrédients de la relation d'aide dont on puisse difficilement abuser. On peut poser trop de questions, donner trop de support ou au contraire confronter trop durement, par exemple, mais on ne peut pas comprendre trop bien ce que l'aidé est en train de vivre...

Ces deux derniers préambules sont particulièrement importants, car en les prenant ensemble, on en arrive à affirmer que toute personne bien disposée à l'égard d'autrui peut vraiment aider celui-ci à progresser, ne serait-ce qu'un peu, vers un fonctionnement plus satisfaisant et plus fécond.

Le temps est maintenant venu de reconstituer le modèle que Kennedy utilise pour décrire la dynamique de la relation d'aide. Voici brièvement les éléments à partir desquels nous pouvons reconstituer ce modèle.

1. L'aidant a besoin de sentir les dynamiques sous-jacentes au comportement de l'aidé.

2. Cette découverte s'opère de deux façons: d'une part, en captant les messages affectifs que l'aidé envoie, et d'autre part en dégageant une interprétation psychologique de ces messages.

3. Ayant capté et compris ce que l'aidé est en train de vivre, l'aidant est alors en mesure de répondre à ce que l'aidé lui a communiqué.

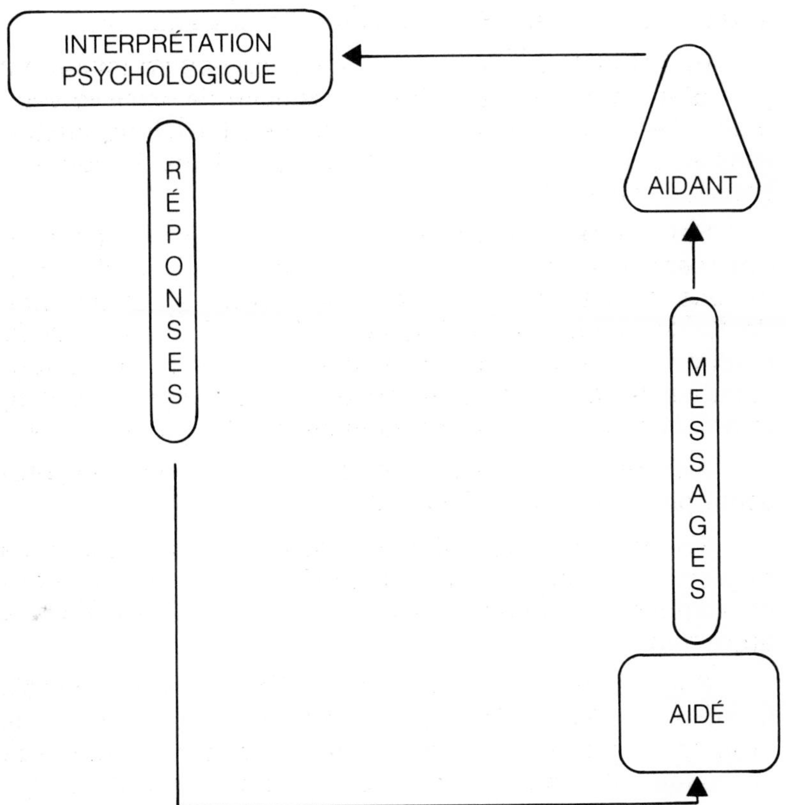

Figure 1: *La relation aidant-aidé*

4. Cette réponse émise par l'aidant déclenchera normalement une réaction de la part de l'aidé, activant ainsi l'interaction exploratoire qui est constitutive de la relation d'aide.

Essayons d'exprimer graphiquement cette dynamique de la relation d'aide telle que présentée par Kennedy[2]. *(voir Figure 1, p. 11)*

À première vue, ce modèle peut sembler proche d'une compréhension simpliste de la relation d'aide, selon laquelle il s'agit d'interpréter froidement les problèmes de l'aidé et de lui débiter ensuite le résultat de ces analyses.

En vérité, le processus en cause ici requiert infiniment plus d'empathie, c'est-à-dire de capacité de saisir le vécu d'autrui en se plaçant dans son univers à lui. (Nous illustrerons en appendice différents degrés possibles de compréhension empathique.)

Selon Kennedy, cette capacité d'empathie constitue une ressource fondamentale qui permet à l'aidant de devenir une caisse de résonance dans laquelle l'expérience de l'aidé viendra se réfracter. Il écrit ainsi: «L'individu résonne sur un certain ton; entendant ce son sans l'augmenter ni le diminuer, nous pouvons alors comprendre avec la précision qui informe prudemment notre jugement.»[3]

Ajoutons cette caisse de résonance au modèle présenté plus haut: *(voir Figure 2, p. 13)*

En résumé, donc, l'aidant dispose de deux ressources fondamentales pour accomplir sa tâche, à savoir: ses connaissances psychologiques d'une part, et sa sensibilité à autrui (son empathie) de l'autre.

Pour éclairant qu'il soit, ce modèle présente toutefois la faiblesse majeure de ne pas faire de place aux ressources propres à la profession de l'aidant. Ce dernier possède normalement certaines connaissances en psychologie qui lui permettent de formuler quelques interprétations, et il possède également une habileté variable à capter empathi-

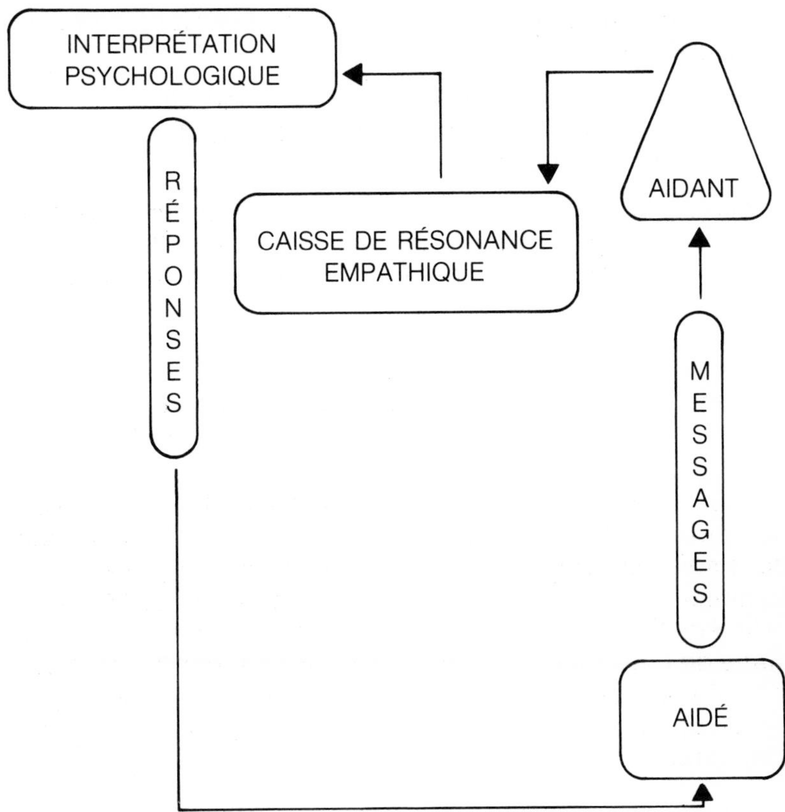

Figure 2: *L'empathie et l'interprétation*

quement le vécu d'autrui. Mais l'aidant peut disposer en plus du savoir propre à sa profession, que ce soit en médecine, en droit, en sciences religieuses ou autres. Et comme on sollicite son aide dans l'exercice de ses tâches, il est fort possible que ces ressources professionnelles doivent intervenir à un moment quelconque dans le processus de la relation d'aide. Il nous faudra donc préciser selon quelles modalités cette intervention professionnelle pourra s'effectuer.

Imaginons par exemple le dialogue suivant entre un avocat et son client.

Client: Je pense que je veux entreprendre des procédures de divorce. Ca fait longtemps que j'y pense et les choses ne s'améliorent pas.

Avocat: Quant une personne s'exprime comme vous le faites, c'est habituellement parce qu'elle n'est pas vraiment décidée. Est-ce que je me trompe?

Client: Je ne sais pas. C'est difficile de me décider. Qu'est-ce que vous en pensez?

Avocat: Vous avez l'impression qu'en connaissant mon point de vue, vous allez voir plus clair?

Si l'on se reporte au modèle de Kennedy, on peut voir que pour sa première intervention, l'avocat est allé puiser dans son réservoir de connaissances psychologiques pour formuler une interprétation («les gens qui abordent leur problème de cette façon sont habituellement encore au stade de l'hésitation»), alors que pour sa seconde intervention, il a utilisé sa «caisse de résonance empathique» («je sens cette personne à la recherche d'informations supplémentaires»).

Mais cet avocat possède en plus un savoir et une expérience dans le domaine légal, qu'il doit évidemment mettre à contribution à un moment ou l'autre du dialogue avec son client. C'est pourquoi sa troisième intervention pourrait prendre la forme suivante:

Client: Oui, dites-moi si je ferais bien de demander le divorce.

Avocat: Les grosses questions, c'est habituellement la garde des enfants et la répartition des biens familiaux. On pourrait regarder d'abord la question des enfants et ensuite votre contrat de mariage. Est-ce que ça vous convient?

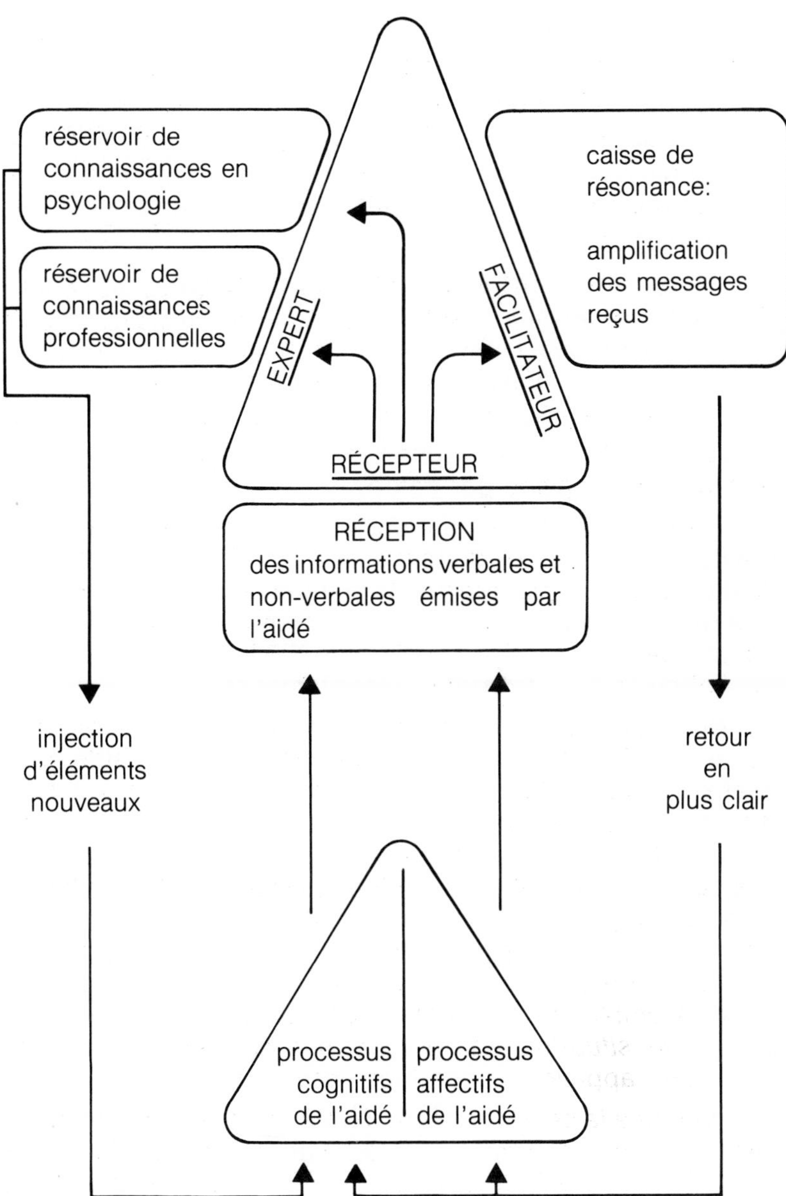

Figure 3: *Un modèle intégré de relation d'aide (première version)*

Au modèle de Kennedy, il faut donc ajouter un autre élément, qu'on pourrait appeler le «réservoir de connaissances professionnelles».

Ce faisant, on rejoint l'approche du psychologue québécois Yves St-Arnaud, qui présente un modèle de la relation d'aide que l'on pourrait se représenter ainsi[4]. *(voir Figure 3, p. 15)*

Nous retrouvons ici les trois rôles évoqués par Kennedy, mais les termes suggérés par St-Arnaud permettent de distinguer ces rôles beaucoup plus clairement. Tout aidant doit ainsi remplir les rôles suivants:

Un rôle de *récepteur* d'abord, qui lui permet de capter le plus exactement possible les informations verbales et non-verbales émises par l'aidé.

Un rôle de *facilitateur* ensuite, qui se décompose en réalité en deux tâches distinctes. La première consiste pour l'aidant à utiliser sa sensibilité personnelle pour répondre à la question suivante: comment se sent-on quand on est dans la peau et dans la situation de l'aidé et qu'on éprouve le sentiment qu'il exprime présentement?

Kennedy parlait d'un rôle de caisse de résonance qui permet à l'aidant d'amplifier les messages de l'aidé pour mieux le saisir. St-Arnaud, pour sa part, parle tour à tour d'*amplification* et de *décodage empathique.* Il s'agit d'abord de rendre plus visibles et plus audibles des messages qui sont souvent émis faiblement (ce qui est spécifiquement le rôle d'un amplificateur). Il s'agit ensuite d'interpréter ce message en se plaçant dans l'univers subjectif de l'aidé, c'est-à-dire de reconstituer l'impact de ce message sur l'ensemble de la situation personnelle de l'aidé *telle que cette situation est perçue par ce dernier* (ce que St-Arnaud appelle le décodage empathique).

Quant à la seconde tâche reliée au rôle de facilitateur, elle consiste à communiquer à l'aidé le résultat des deux opérations précédentes. Nous avons ici l'équivalent de la technique rogérienne du reflet, par laquelle l'aidant retourne dans le champ de conscience de l'aidé ce que ce dernier vient d'exprimer d'une façon moins claire. Un rogérien objecterait probablement ici qu'un bon reflet représente une opération plus subtile qu'un simple retour, et que l'art du reflet implique les deux opérations d'amplification et de décodage que nous avons décrites plus haut. L'essentiel pour nous est de distinguer pour les fins de la compréhension les trois opérations différentes de l'amplification, du décodage empathique et du retour.

En plus du rôle de récepteur et de celui de facilitateur, St-Arnaud parle d'une troisième fonction dans son modèle, qui est une fonction d'*expert.* Tout comme le rôle de facilitateur, le rôle d'expert se décompose lui aussi en deux tâches.

Tout d'abord, l'aidant dispose d'un réservoir plus ou moins vaste de connaissances en psychologie. Étant donné que nous pouvons avoir affaire à un non-professionnel en psychologie, par exemple une animatrice de pastorale, un avocat ou un infirmier, ce réservoir est forcément moins important que s'il s'agissait d'un psychothérapeute professionnel. Mais toute personne qui accepte de faire de la relation d'aide dans le contexte de sa profession doit disposer d'un minimum de connaissances sur les phénomènes élémentaires à l'œuvre dans la personne humaine.

Ces connaissances de base en psychologie permettront à l'aidant d'opérer un décodage objectif des informations reçues de l'aidé, c'est-à-dire essentiellement, de faire des hypothèses sur ce qui n'apparaît pas présentement dans le champ de conscience de l'aidé. L'aidant pourra ainsi se dire par exemple: si l'aidé ne quitte jamais le niveau des idées, c'est que quelque chose le menace au niveau de ses émotions; s'il insiste pour que je lui règle ses problèmes, c'est peut-être qu'il a développé un pattern de dépendance; si elle me parle abondamment de ses sentiments et qu'elle tente de me séduire, il se pourrait qu'elle évolue dans une dynamique hystérique, etc.

L'aidant peut décider de communiquer à l'aidé ces hypothèses ou ces interprétations, s'il estime que cette démarche a des chances de stimuler l'aidé dans l'exploration de son problème. Le cas échéant, l'aidant se trouve à injecter dans le champ de conscience de l'aidé des éléments *nouveaux* pour ce dernier, alors que tantôt, lorsqu'il agissait comme facilitateur, il ne faisait que *retourner* ce qui venait tout juste de sortir de ce champ de conscience de l'aidé.

Mais l'aidant n'est pas toujours uniquement quelqu'un qui possède des connaissances plus ou moins étendues en psychologie. Il peut également être d'abord et avant tout un professionnel dans une discipline donnée (comptabilité, gestion de personnel, médecine, etc.), ce qui lui donne un accès autorisé à des connaissances fiables dans son champ de compétence professionnelle.

C'est pourquoi St-Arnaud, contrairement à Kennedy, réserve une place importante à ce «réservoir d'informations spécialisées» dans son modèle. Même si l'on a affaire à l'avocate ou au médecin les plus «centrés sur la personne», vient un temps où il faut informer le client ou le patient sur les recours qu'il a ou qu'il n'a plus, sur les résultats de sa biopsie ou sur l'importance de subir un électro-cardiogramme. Il s'agit encore ici d'*injection*, car l'aidant vient introduire dans le champ de conscience de l'aidé des informations ou à tout le moins des hypothèses sérieuses qui ne s'y trouvaient pas auparavant: il se pourrait que j'aie développé un pattern de dépendance ou une dynamique hystérique, il se pourrait que j'aie le cancer...

LE CHOIX DU CADRE DE RÉFÉRENCE

Nous avons examiné brièvement les différents éléments du modèle présenté par St-Arnaud, en respectant pour l'essentiel la terminologie qu'il utilise mais en modifiant un peu la présentation graphique. Il reste quelques précisions à apporter sur le fonctionnement du modèle, avant d'examiner de plus près les présupposés sur lesquels celui-ci se fonde.

La première précision concerne les trois flèches que l'on retrouve dans le triangle représentant l'aidant. Même si le cerveau humain peut traiter à une vitesse étonnante les informations qu'il reçoit, il reste qu'il ne peut pas fonctionner simultanément à partir de deux cadres de référence différents, — et à plus forte raison à partir de trois cadres!

Il en résulte qu'*à chaque fois* que l'aidé émet une information, verbale ou non, l'aidant doit décider quel cadre de référence il utilisera pour décoder cette information. Ceci permet de comprendre pourquoi certains aidants sérieux disent parfois que la pratique de la relation d'aide requiert passablement de concentration!

Il n'existe pas — ou du moins pas encore — de critères précis permettant de dire quel type de message requiert quel cadre de référence. Ce qui guide l'aidant ici c'est son expérience et son flair, ce qui revient à dire que l'aidant travaille toujours avec une possibilité d'erreur. C'est pourquoi, quel que soit son choix, un aidant sérieux travaille toujours à partir d'hypothèses: je fais l'hypothèse que je vais stimuler davantage le processus exploratoire de mon aidé en lui retournant telle émotion ou tel contenu, ou au contraire en lui injectant telle interprétation ou telle information.

À l'image de certains médecins ou avocats, un chauffeur de taxi, un barman ou un coiffeur peuvent consacrer une part importante de leur temps de travail à aider leurs clients à régler leurs problèmes. Mais il est rare qu'on s'attende à ce que ces derniers opèrent à partir d'un modèle précis et qu'ils se préoccupent constamment de vérifier à partir de la suite de l'entrevue si leurs hypothèses étaient justifiées ou non.

Pour bien marquer la différence entre un amateur et un aidant sérieux, St-Arnaud distingue entre la compétence *professionnelle* de l'aidant (sa formation médicale, légale ou théologique, par exemple), et sa compétence *interpersonnelle* (c'est-à-dire essentiellement, d'une part sa capacité d'être un bon facilitateur, de faire des bons «retours en plus clair», et d'autre part sa capacité de choisir au bon moment le cadre de référence approprié pour son intervention).

J'aimerais illustrer cette question par un fait vécu. Une jeune femme me demande un jour de la recevoir en «accompagnement spirituel». Je lui réponds que la chose n'est pas possible mais je lui suggère deux ou trois noms. Quelques mois plus tard, je la rencontre par hasard et lui demande si elle a vu quelqu'un. «Oui, j'ai vu Untel, mais je ne crois pas que je vais le revoir. Je lui demandais de me parler de la prière, et il me répondait: «Qu'est-ce que tu en penses?»

Le reste de l'histoire se passe dans ma tête. Je pensais en moi-même: Voici une autre victime du dogme rogérien, un autre aidant qui possède à la fois une compétence interpersonnelle (comme facilitateur) et une compétence professionnelle (en théologie) mais qui refuse d'injecter des informations pour s'en tenir à la facilitation.

Mais dans un deuxième temps, je m'avisai que tout compte fait, l'aidant en question avait peut-être raison, et j'imaginai le scénario suivant, à l'aide du modèle présenté plus haut.

1. Décodage objectif à partir du réservoir de la psychologie: J'ai affaire à une jeune adulte qui dispose des ressources nécessaires pour se prendre en main, mais qui a encore des réflexes de dépendance. Je fais l'hypothèse que son besoin d'évoluer vers la prise en charge de son existence est plus grand présentement que son besoin de clarifier sa conception de la prière.

2. Je pourrais utiliser mon réservoir théologique pour lui injecter des éléments de réponse à sa demande, mais je décide de ne pas le faire, compte tenu du décodage psychologique que j'ai fait tantôt.
3. Je choisis donc d'intervenir à partir du cadre de référence subjectif de mon aidée, et de l'aider à clarifier ce qui est vraiment important pour elle, à ce point-ci de son existence.

On pourrait bien sûr imaginer un autre scénario, qui se réalise à l'occasion lui aussi:

1. Décodage objectif à partir du réservoir de la psychologie: J'ai affaire à une jeune adulte qui semble éprouver un besoin réel de clarifier ses perceptions du phénomène de la prière.
2. Cependant, bien que j'aie une formation théologique et que je sois donc en mesure de répondre à son besoin, je ne le ferai pas, parce que je me définis maintenant davantage comme un spécialiste de la relation d'aide que comme une personne ressource au plan spirituel. Je mets ma compétence professionnelle entre parenthèses pour éviter que le contenu n'interfère avec le processus, et je travaille uniquement à partir de ma compétence interpersonnelle.
3. C'est pourquoi je lui signifie clairement dès la première rencontre les rôles qui me conviennent et ceux qui ne me conviennent pas.

Imaginons enfin un dernier scénario:

1. Décodage objectif à partir du réservoir de la théologie: voici une croyante qui n'est plus à l'aise dans les conceptions de la prière qu'elle a reçues il y a dix ans et qui éprouve le besoin de se mettre à jour par rapport à une réalité importante de sa foi.

2. Un déplacement rapide sur le registre de mon réservoir psychologique m'avertit cependant qu'il se pourrait que ce que je décode comme une croyante qui veut se prendre en charge soit plutôt une personne qui aspire au contraire à se faire prendre en charge.
3. Je décide de garder cette dernière hypothèse en réserve pour l'instant, tout en demeurant vigilant. Si celle-ci se confirme par la suite, il sera toujours temps d'ouvrir la question avec elle à la prochaine entrevue.

En résumé, donc, l'aidant sérieux effectue de nombreux choix tout au long de son travail, et plus ces choix sont éclairés, plus il a de chances d'être efficace dans son travail.

L'ALTERNANCE DES RÔLES

Passons maintenant à une autre considération. Lorsque l'aidant prend l'initiative d'injecter une information ou une hypothèse, ou encore lorsqu'il accepte de répondre à une demande d'injection, il le fait toujours en faisant l'hypothèse que c'est l'injection de ce contenu qui a le plus de chances d'être aidante à ce moment-là.

Afin de pouvoir vérifier cette hypothèse, l'aidant doit alors quitter son rôle d'expert (décodage objectif et injection) pour revenir à son rôle de récepteur et de facilitateur (amplification, décodage empathique et retour).

Injecter un élément nouveau dans un système subjectif, c'est un peu comme greffer un organe étranger sur un système physiologique. L'organisme peut bien réagir, mais il peut aussi entrer en crise, ou encore, tout simplement rejeter l'organe.

En réintégrant sa caisse de résonance, l'aidant devient alors en mesure d'identifier les «signes vitaux» que l'aidé émet: soulagement ou anxiété, intérêt ou impatience, résistance ou rejet, etc. En interprétant alors ces réactions à partir de la subjectivité de l'aidé et en lui retournant ces informations, l'aidant suscite de nouvelles réactions de la part de l'aidé, et ces réactions deviennent autant d'informations fraîches qui lui permettront de poursuivre le processus et de le réorienter au besoin.

On voit donc comment la mobilité stratégique de l'aidant sur ses différents rôles devient un facteur essentiel dans l'activation de l'ensemble du processus de la relation d'aide. Pas d'injection et la relation risque de tourner en rond faute de stimulation cognitive. Mais pas de facilitation et l'aidant n'est plus en mesure de vérifier si ses injections sont pertinentes et utilisables par l'aidé, et là encore, la relation risque de tourner en rond.

Dernier point enfin, concernant cette fois-ci les trois flèches qui se trouvent à la base de la figure. On remarque que l'injection ne se fait que du côté des processus cognitifs de l'aidé, alors que la facilitation peut se faire soit du côté des processus cognitifs, soit du côté des processus affectifs de l'aidé.

Ce dernier phénomène est facile à saisir: l'aidant peut clarifier autant un processus décisionnel à dominante cognitive, par exemple, qu'un processus à dominante affective. L'aidant peut dire ainsi: «Ce que vous me dites, c'est que vous hésitez entre quitter le domicile familial pour avoir plus de liberté de mouvement, et demeurer avec vos parents et avoir plus de confort matériel. Est-ce que c'est ça»? Nous sommes ici nettement du côté de l'exploration cognitive des coûts et des bénéfices respectifs des deux membres d'une alternative.

L'aidant peut dire aussi: «Vous me dites que vous vous sentez triste que votre femme parle de vous laisser, mais en même temps le ton de votre voix me laisse croire que vous lui en voulez beaucoup. Est-ce que je me trompe?»

Il est facile de voir que nous sommes ici beaucoup plus du côté affectif.

En ce qui a trait à l'injection, cependant, le modèle ne laisse d'autre choix que de la diriger du côté cognitif. La raison en est que tous les contenus qui émanent des deux réservoirs sont des éléments objectifs — même s'ils sont présentés sous forme d'hypothèses — et qu'à ce titre, ils doivent d'abord être portés à la connaissance de l'intéressé et soumis à sa considération, qu'il s'agisse d'interprétations ou d'hypothèses psychologiques ou théologiques, de diagnostic médical ou de proposition de traitement, de projets de procédures légales, etc.

Dans tous ces cas, c'est à la raison de l'aidé que l'aidant s'adresse, quitte dans un deuxième temps à regarder avec lui quel impact ces injections exercent sur son affectivité. Autrement, si l'aidant vient jouer dans les sentiments et les besoins de l'aidé, il risque fort de verser dans la manipulation et le contrôle sous couvert de science.

Une telle situation surviendrait si par exemple un animateur de pastorale disait à un aidé qui serait gravement malade: «Évidemment, un chrétien n'a pas peur de la mort.» Dans cet exemple d'une injection du côté affectif, le véritable message serait: «Vous ne devez pas avoir peur de la mort, puisque vous êtes chrétien.»

Ce contrôle ne se produirait pas si l'aidant injectait son contenu du côté cognitif, disant par exemple: «Certains estiment que la foi en l'au-delà permet aux chrétiens de ne pas avoir peur de la mort. Qu'en pensez-vous?»

Ayant terminé la présentation du modèle de Kennedy tel que sensiblement amélioré par St-Arnaud, et avant de suggérer un ajout à ce modèle, nous verrons maintenant quelques présupposés qui lui sont sous-jacents.

1. KENNEDY, E., *On Becoming a Counselor,* New York, Continuum, 1980, p. X.
2. KENNEDY, *On Becoming...,* pp. 91-102.
3. KENNEDY, *On Becoming...,* p. 95.
4. ST-ARNAUD, Y., *La dynamique expert-facilitateur dans la relation d'aide individuelle,* document polycopié, août 1979;
   ST-ARNAUD, Y., *La dynamique expert-facilitateur et le rôle de consultant,* document polycopié, août 1979.

CHAPITRE 3

Quatre présupposés du modèle

Tout aidant opère à partir d'une conception plus ou moins explicite de la personne humaine, de sa situation dans le monde, de ses capacités, etc. Les deux psychologues auxquels nous nous sommes référés tantôt ne font pas exception sur ce point. Nous avons vu plus haut quelques-uns des présupposés de Kennedy, concernant la relation d'aide en général. Nous regarderons maintenant de plus près les présupposés sous-jacents au modèle présenté plus haut.

Pour ce faire, nous partirons de quelques affirmations de Kennedy. Dans son chapitre sur le diagnostic, celui-ci nous présente une conception de la personne humaine comme à la fois semblable et différente. Cette dialectique différence-similitude apparaît assez typique des psychologues dits humanistes ou existentialistes.

Pour le courant existentialiste tel qu'il s'est exprimé à partir des années quarante, la personne humaine ne peut être qu'unique, car elle est projet, elle se donne sa nature à partir de ses choix et de son action. Or, les psychologues dits humanistes ont beaucoup été influencés par ce courant philosophique et littéraire.

Par ailleurs, la dimension scientifique de la psychologie, préoccupée de repérer des constantes et de dégager des lois explicatives, ne pouvait faire autrement que de s'intéresser à la personne humaine en ce qu'elle a de commun avec les autres.

Il en résulte pour les psychologues humanistes une dialectique différence-similitude qui contraste fortement, par exemple, avec un des présupposés fondamentaux de la psychologie béhavioriste. Pour les béhavioristes, en effet, tous les humains sont foncièrement semblables, en ce qu'ils sont essentiellement malléables face aux conditionnements que leur environnement exerce sur eux. De la sorte, toute différence observable entre deux humains ne sera pas attribuée à des différences significatives dans la façon dont ces personnes vivent leur humanité, mais tout simplement à des variations dans les conditionnements externes qui ont façonné ces deux humains.

Le psychologue humaniste, pour sa part, maintient les deux pôles de la différence et de la similitude, pôles qu'il estime complémentaires. Kennedy se place sur le pôle de la similitude, par exemple, lorsqu'il écrit que le diagnostic «dépend de la compréhension intellectuelle» (de la part de l'aidant) «des processus psychologiques» (observés chez l'aidé)[1].

Ce qui est présupposé ici, c'est qu'il existe des processus psychologiques qui sont susceptibles de se dérouler de la même façon chez plusieurs sujets différents. Ceci revient à affirmer que la personne humaine est semblable aux autres au moins selon certaines dimensions de son être.

Par ailleurs, Kennedy tient compte également de la différence entre les humains lorsqu'il définit le diagnostic comme une opération ultimement orientée à faire ressortir ce qui se présente de différent et d'unique dans le sujet en cause. «On ne doit pas comprendre le diagnostic comme une méthode sophistiquée et objectivante destinée à répartir les personnes dans des catégories psychologiques; le diagnostic consiste simplement à obtenir de ces personnes l'image la plus fidèle et la plus claire possible.»[2]

Le psychologue américain précise plus loin que «le diagnostic vise à comprendre la personne — incluant sa dimension spirituelle et sa dimension sexuelle — et qu'il n'a de sens que lorsque ces dimensions sont présentées dans une perspective fidèle et complète». C'est pourquoi il conclut plus loin en disant qu'«une attitude saine à l'endroit du diagnostic peut concourir non pas à réduire les personnes à des numéros, mais à les reconnaître comme des individus uniques»[3].

LES DEUX PREMIERS PRÉSUPPOSÉS

Nous sommes maintenant en mesure de formuler nos deux premiers présupposés, qui se complètent l'un, l'autre.

Premier présupposé: Toute personne est en partie semblable aux autres.

Second présupposé: Toute personne est en partie différente des autres.

Le premier présupposé vient nuancer ce que l'affirmation sartrienne de l'«homme comme projet» pourrait avoir d'excessif, et nous amener à tenir compte des nombreuses structures biologiques et psychologiques que la recherche scientifique met à jour dans la personne humaine.

Ce premier présupposé a été «redécouvert» par Carl Rogers lui-même, qui est sans contredit l'un des avocats les plus autorisés du respect de la subjectivité et du caractère unique de chaque individu. Rogers déclarait ainsi: «Plus nous allons profondément à l'intérieur de nous-mêmes en tant que particuliers et uniques, à la recherche de notre identité propre et individuelle, plus nous rencontrons l'espèce humaine dans son ensemble.»[4]

Ce premier présupposé légitime les interventions de l'aidant découlant d'un décodage objectif du vécu de l'aidé, c'est-à-dire d'une interprétation de ce vécu à l'aide d'un savoir organisé. La démarche suivie est ici la suivante: «Puisque la personne humaine est en partie semblable aux autres, ce que la psychologie ou tout autre savoir scientifique me dit de la personne humaine en général a bien des chances d'être vrai aussi pour la personne concrète que j'ai devant moi.»

St-Arnaud fait toutefois remarquer à ce propos que «comme l'individu humain est le plus personnalisé que l'on connaisse dans la nature, l'aidant qui utilise son savoir professionnel est le plus souvent en face de nombreuses hypothèses pour comprendre la situation de l'aidé». C'est pourquoi le psychologue québécois affirme que «décoder professionnellement, c'est ordinairement multiplier les hypothèses», et que «l'aidant compétent sur le plan professionnel est celui dont le savoir est assez vaste pour envisager plusieurs hypothèses»[5].

Avec le concept d'hypothèse, nous nous sommes mus en direction du second présupposé, qui affirme que toute personne est en partie différente des autres. Si l'humain est si complexe et s'il peut utiliser son énergie de façons qui varient presque à l'infini, il devient hautement recommandable de procéder par hypothèses plutôt que par affirmations, et tout à fait indiqué également de procéder par clarification du vécu de l'aidé (amplification), plutôt qu'uniquement par injection d'interprétations, d'informations, et d'hypothèses.

En d'autres termes, c'est maintenant toutes les interventions relevant de la partie droite du modèle qui se trouvent légitimées par ce deuxième présupposé. Ces interventions constituent de patients efforts de la part de l'aidant pour tenter de pénétrer dans l'univers de l'aidé au rythme des révélations que celui-ci veut bien lui faire sur lui-même. Et ces efforts, l'aidant ne sera prêt à les consentir que dans la mesure où il sera convaincu qu'autrui représente une individualité unique que l'on ne peut bien connaître qu'empathiquement, c'est-à-dire de l'intérieur.

Certains auteurs chrétiens sont allés très loin dans leur façon de comprendre cette difficulté à saisir ce qu'autrui a d'unique. Pour Thomas d'Aquin, par exemple, cette difficulté ne tient pas d'abord à la faiblesse humaine, c'est-à-dire n'est pas uniquement explicable par le fait que l'aidé aurait de la difficulté à s'exprimer et que l'aidant aurait de la difficulté à écouter.

Selon Thomas d'Aquin, cette difficulté à communiquer est reliée à l'être même de la personne humaine, en ce que le fond de cet être est à proprement parler incommunicable. Et le théologien du treizième siècle ne craint pas d'aller beaucoup plus loin, jusqu'à extrapoler cette incommunicabilité à l'intérieur même des personnes divines[6].

Des siècles plus tôt, d'autres théologiens avaient souligné eux aussi le fait qu'il y a une partie de l'être humain qui échappe à toute saisie objectivante opérée de l'extérieur. Le théologien De Lubac écrit ainsi: «L'homme, nous disent les Pères, est 'à l'image de Dieu' (...) par-dessus tout, en fin de compte, par ce qu'il y a d'incompréhensible au fond de lui.»[7]

Ces quelques références théologiques nous montrent que ce présupposé portant sur le caractère unique de la personne humaine a des racines quinze fois séculaires. Cette perspective historique un peu plus large nous amène à attribuer au concept d'empathie toute l'importance qu'il mérite. Dans cette perspective, le décodage empathique n'apparaît plus comme une simple technique de la relation d'aide, mais il se révèle comme la porte d'entrée privilégiée dans la réalité d'autrui, réalité souvent méconnue parce que trop vite objectivée. Dans cette perspective également, le décodage empathique apparaît comme la seule façon de vérifier «de l'intérieur» la validité et la pertinence des diagnostics les mieux assurés.

LE TROISIÈME PRÉSUPPOSÉ

Un auteur formule ainsi notre *troisième présupposé* découlant de l'approche rogérienne: «Chaque organisme possède la capacité de résoudre ses problèmes d'ordre existentiel, pourvu qu'on l'aide à discerner les obstacles l'empêchant de voir ces problèmes.»[8]

Remarquons le caractère nuancé de ce présupposé. Tout d'abord, on parle ici de problèmes d'ordre «existentiel», par opposition à des problèmes nécessitant pour leur solution des ressources ou des habiletés spéciales. Voici quelques exemples de «problèmes existentiels»: j'éprouve des insatisfactions face à mon travail et je me demande si je devrais changer d'emploi; ma mère est décédée et je me sens coupable de ne pas m'être occupé d'elle plus que je ne l'ai fait; à chaque fois que mon conjoint me fait un reproche, j'attrape un mal de tête.

À la différence de ces problèmes existentiels, d'autres problèmes requièrent pour leur solution soit des dispositions natives, soit un entraînement spécial, soit une combinaison des deux. Par exemples, choisir le traitement approprié pour soigner un cancer, obturer une cavité dentaire, entraîner une équipe de joueurs de hockey.

Il est facile de voir qu'une personne qui n'aurait pas reçu de formation médicale pourrait difficilement soigner un cancer, qu'une personne qui ne posséderait pas une bonne dextérité manuelle pour des opérations délicates et qui ne serait pas initiée à l'art dentaire pourrait difficilement réaliser une obturation dentaire, et enfin, qu'une personne qui n'aurait pas une profonde connaissance du hockey en même temps que des ressources éprouvées dans l'art de diriger un groupe, pourrait difficilement entraîner une équipe de hockey.

Le troisième présupposé se limite aux problèmes existentiels, et il affirme que ces problèmes peuvent nécessiter pour leur solution le recours à une aide appropriée. La capacité de gérer sa vie en faisant les bons choix n'est donc pas un phénomène qui joue nécessairement et dans tous les cas. Il survient au contraire des situations où l'intervention d'une aide appropriée va faire la différence entre une décision éclairée et une décision malencontreuse prise dans la confusion et la peur, ou encore entre une personne qui continue de tourner en rond ou de se détruire psychologiquement, et une personne qui réussit à se prendre en main.

LE QUATRIÈME PRÉSUPPOSÉ

Mais il existe une troisième catégorie de problèmes auxquels les gens se trouvent fréquemment confrontés concernant la façon de se situer face à leur vécu d'une part, et les problèmes «spécialisés» de l'autre. Il s'agit encore de problèmes existentiels, mais dont la solution nécessite l'apport d'informations spécialisées, que ce soit d'ordre médical, juridique, théologique, etc.

Prenons l'exemple d'une personne qui se demande si elle devrait mettre un terme ou non à son mariage. En soi, il s'agit ici d'un problème existentiel. Mais il se peut que cette personne ne se sente par prête à prendre sa décision, et qu'elle éprouve le besoin de consulter un avocat pour explorer les différents scénarios possibles face à ce divorce éventuel.

Si cette personne est de religion catholique, il se pourrait qu'elle éprouve également le besoin de rencontrer un consultant pastoral pour situer cette possibilité de divorce par rapport à ses croyances et par rapport aux exigences de son Église.

Il se pourrait enfin que cette personne songe également à d'autres spécialistes, tel un sexologue ou encore un consultant matrimonial qui l'aiderait avec son conjoint à identifier et évaluer les modes de communications qui se sont développés entre eux avec les années.

Dans tous ces cas, il s'agit toujours du même problème existentiel, à savoir de mettre un terme ou non à un mariage. Et dans tous ces cas la personne a besoin de se faire aider à mieux cerner son vécu, ses insatisfactions, ses aspirations... Mais dans tous ces cas également sauf le dernier, la personne a en même temps besoin d'informations spécialisées que seul un professionnel dans la matière est en mesure de lui fournir.

C'est pourquoi le *quatrième présupposé* affirme que certains problèmes d'ordre existentiel ne sont parfois solubles que si la personne reçoit un apport pertinent d'informations spécialisées et si elle est aidée à utiliser cet apport dans la solution de son problème existentiel.

Cette deuxième condition est très importante, car si elle est absente, on n'a affaire qu'à une *expertise,* qui se borne à transmettre des données d'ordre juridique, théologique ou autre, en faisant abstraction du vécu de la personne qui reçoit ces données. Dans la *relation d'aide,* au contraire, l'expert, après avoir utilisé sa *compétence professionnelle* pour apporter des informations valides ou des hypothèses pertinentes, va ensuite utiliser sa *compétence interpersonnelle* pour aider la personne à clarifier l'impact de cet apport sur son cheminement existentiel.

Ceci complète l'examen des présupposés sur lesquels s'appuie le modèle présenté plus haut. Nous allons maintenant revenir à ce modèle pour souligner une de ses lacunes et proposer une modification tendant à la combler.

---

1. KENNEDY, E., *On Becoming a Counselor,* New York, Continuum, 1980, p. 94.
2. KENNEDY, *On Becoming...,* p. 95.
3. KENNEDY, *On Becoming...,* p. 97.
4. Cité par MASLOW, A., Some Educational Implications of the Humanistic Psychologies, in *Harvard Educational Review,* Vol. 38, no. 4, 1968, p. 690.
5. ST-ARNAUD, Y., *La dynamique expert-facilitateur dans la relation d'aide individuelle,* document polycopié, août 1979, p. 9.
6. Voir POHIER, J., *Quand je dis Dieu,* Paris, Seuil, 1977, p. 218.
7. DE LUBAC, H., *Le mystère du surnaturel,* Paris, Aubier, 1965, p. 260.
8. BECK, C., *Philosophical Foundations of Guidance,* Englewood Cliffs, Prentice-Hall, 1963, p. 145.

CHAPITRE 4

L'implication personnelle de l'aidant

L'essentiel de la contribution de Carl Rogers à la compréhension et à la mise en pratique de la relation d'aide tient en une phrase. Cette phrase se formule tout simplement comme suit: pour qu'un aidant soit efficace, trois attitudes de sa part sont nécessaires et suffisantes, à savoir: l'empathie, la congruence et l'acceptation inconditionnelle.

Selon le psychologue américain, l'attitude de congruence existe lorsque l'aidant «a accès aux sentiments qu'il éprouve au moment présent, qu'il est en mesure de vivre ces sentiments et de les communiquer au besoin»[1]. Être congruent, c'est donc être authentique, être vrai.

Concrètement, cela signifie qu'à certains moments, un aidant pourrait communiquer à l'aidé des sentiments aussi variés que son ennui, sa surprise ou sa peur par rapport à ce que l'aidé est en train d'exprimer, sa satisfaction ou sa déception par rapport au déroulement de l'entrevue, sa tristesse, son affection, sa colère...

Nous reviendrons plus bas sur la signification et sur les effets de telles interventions. Arrêtons-nous pour l'instant au fait que tel qu'il est présenté, le modèle que nous avons examiné plus haut ne permet aucunement à l'aidé de vivre la congruence au sens où la conçoit Rogers.

En effet, ce modèle prévoit deux types d'intervention de l'aidant, à savoir: l'amplification ou le reflet de ce qui est exprimé par l'aidé d'une part, et d'autre part l'injection d'interprétations ou d'informations spécialisées. Or, les sentiments de l'aidant ne sont ni un simple reflet du vécu de l'aidé, ni une interprétation psychologique de ce vécu, ni une information spécialisée relative à ce vécu. Il en résulte donc que cette réalité importante du vécu de l'aidant n'a pas de place dans ce modèle.

Et pourtant, la congruence demeure une donnée de premier plan dans l'aventure de la relation d'aide. Le psychologue américain Sidney Jourard rappelle que c'est bien souvent un problème de manque de congruence qui amène les gens en relation d'aide. L'aidé a besoin d'aide justement parce qu'il en est venu à se couper de son vrai moi dans ses interactions avec autrui, à réduire son identité aux rôles qu'il doit remplir, et à se couper de tout ce qui va à l'encontre de ce qu'il est censé être[2].

Les gens viennent chercher de l'aide parce qu'ils ne savent plus qui ils sont, ou encore parce qu'ils doivent prendre des décisions qu'ils se sentent incapables de prendre, étant donné qu'ils n'ont pas accès à ce qu'ils ressentent face aux enjeux de ces décisions.

C'est pourquoi la seule issue pour des personnes vivant en état d'incongruence consiste à entrer en contact avec quelqu'un qui fonctionne lui-même d'une façon congruente. C'est à ce titre que Rogers et Jourard estiment qu'un aidé ne pourrait pas vraiment progresser auprès d'un aidant incongruent, c'est-à-dire auprès d'un aidant qui ne se permettrait pas de vivre et d'exprimer ses propres sentiments, pour se retrancher derrière ses rôles et ses techniques. Jourard se montre assez sévère pour cette dernière catégorie d'aidants. «On atteint le changement désiré — c'est-à-dire la croissance — lorsque le thérapeute s'avère un individu plutôt libre, fonctionnant comme une personne avec tous ses sentiments et toutes ses fantaisies autant qu'avec son intelligence. J'en arrive à penser que le thérapeute qui s'efforce de demeurer une créature pensante et seulement pensante, ne réussit pas à promouvoir la croissance.»[3]

La sévérité de cet auteur s'explique par le fait qu'à son avis, «une personne malade ne peut pas guider une personne malade» ou en d'autres termes, que «le semblable engendre son semblable»: «Je ne vois pas comment nous pouvons aider nos patients à retrouver accès à leur vrai moi en nous efforçant pour notre part (...) de leur cacher le nôtre.»[4]

LORSQUE L'AIDANT RÉSISTE...

Nous consacrerons le chapitre 9 au phénomène de la résistance chez l'aidé. Mais nous pouvons anticiper un peu et regarder brièvement comment ce phénomène affecte l'aidant lui-même.

Si l'on définit la résistance comme la peur de voir et d'exprimer la réalité telle qu'elle est, il semble difficile d'affirmer au départ que l'aidant n'a jamais peur de voir et d'exprimer ses sentiments et ses fantaisies tels qu'ils existent. Il peut par exemple être porté à nier qu'il se sente sexuellement troublé par telle parole ou telle fantaisie de l'aidé, menacé par les réflexions de l'aidé sur la mort ou sur l'absurdité de l'existence, ou encore par la forte dépendance que l'aidé a développée face à lui, etc.

Bref, l'aidant peut résister à s'avouer à lui-même comment il se sent, et il peut à plus forte raison résister à communiquer ces sentiments à l'aidé, souvent à cause de la peur inconsciente de ne pas être en mesure de faire face aux réactions que cette communication déclencherait chez l'aidé.

Lorsque de telles résistances surviennent chez l'aidant, la réaction de ce dernier est presque invariablement de se réfugier derrière les principes («un bon aidant ne s'implique pas», «il faut se centrer sur l'aidé», ...) et derrière les techniques (reflets, interprétations, silences, ...).

Mais ces stratégies d'évitement ont souvent pour effet d'affecter la relation de confiance entre l'aidant et l'aidé.

Ce dernier, en effet, ne peut faire autrement que d'enregistrer au moins inconsciemment le fait qu'il se passe des choses anormales, qu'il a dit ou fait des choses tellement inacceptables ou tellement dangereuses que même l'aidant s'avère incapable d'y faire face.

À cet égard, Jourard doute que «le maniement expert des techniques puisse longtemps cacher l'immaturité, l'anxiété, l'hostilité ou la sexualité, si celles-ci existent chez le thérapeute». Et qui plus est, si jamais l'aidant réussissait à cacher ainsi son vécu, il s'engagerait alors dans le même type de fonctionnement incongruent que celui qui se trouve à la source des problèmes de l'aidé[5].

LA RELATION D'AIDE COMME RENCONTRE HUMAINE

Derrière ces développements sur les phénomènes de congruence et d'incongruence (ou de résistance), il y a donc d'une part les propositions de Rogers sur les conditions d'efficacité de la relation d'aide. Mais il y a également une perspective, plus philosophique peut-être, selon laquelle la relation d'aide est perçue comme étant essentiellement la rencontre de deux subjectivités.

Écoutons un autre psychologue américain présenter cette perspective existentialiste de la relation d'aide comme rencontre humaine: Dans la relation d'aide, «Tout se passe comme si l'autre laissait tomber son masque social pour un moment, et m'invitait dans le sanctuaire de sa vie intérieure.»[6]

Sur une période d'une journée, plusieurs personnes peuvent me faire différentes demandes, auxquelles je peux accepter de répondre avec bienveillance: donner une information, rendre un service, etc. «Mais aucune de ces demandes n'équivaut à un appel vraiment personnel à les aider à grandir dans le domaine de la liberté humaine où ces personnes sont le plus elles-mêmes. C'est pourquoi je peux répondre sans (...) présenter ce qui fait le caractère unique de ma propre personnalité.»[7]

Je peux certes refuser cet appel qui jaillit plus ou moins confusément derrière les diverses demandes que l'aidé me fait, et me réfugier derrière mes rôles professionnels pour limiter mon implication. Mais si je décide d'accueillir cet appel, je ne peux faire autrement que d'y répondre avec tout ce que je suis, et mes ressources personnelles dépassent largement mon habileté à faire de bons reflets et des bonnes interprétations, et à communiquer des informations valides.

Il peut même se faire que l'aidé ne me demande pas vraiment d'être totalement disponible à m'impliquer, comme si, dans son ambivalence, il voulait limiter les exigences de sa démarche. Dans un tel cas, c'est ma décision à moi de m'impliquer totalement comme aidant qui fait fonction d'appel.

Jourard rejoint ici la pensée de Van Kaam lorsqu'il parle de la relation d'aide comme d'un processus d'invitation — «peut-être même comme une tentation» — par laquelle l'aidé se sent séduit par l'honnêteté et la congruence de l'aidant, et progressivement amené à se situer, lui aussi, à ce niveau d'implication[8].

Ces développements sur l'implication personnelle de l'aidant nous amènent donc à combler une lacune importante du modèle présenté plus haut. Nous comblerons cette lacune en ajoutant au modèle une caisse de résonance personnelle et un réservoir personnel. Nous aurons ainsi:

- à droite, *la caisse de résonance empathique,* que l'aidant utilise pour mieux saisir le vécu exprimé par l'aidé à partir de ce qu'il sait et de ce qu'il sent à propos de cet aidé;
- en haut à gauche, *le réservoir théorique,* que l'aidant utilise pour décoder objectivement le vécu de l'aidé, soit en formulant un diagnostic ou une interprétation

psychologique (à partir du réservoir de connaissances en psychologie), soit en formulant une interprétation ou en utilisant d'autres informations de type médical, théologique ou autres (à partir du réservoir de connaissances professionnelles);

— sous le réservoir théorique, *la caisse de résonance personnelle* et *le réservoir personnel* que l'aidant utilise pour saisir ce qu'il sent et ce qu'il sait à propos de lui-même, en réaction au vécu de l'aidé *(voir Figure 4, p. 41).*

L'aidant utilise la caisse de résonance personnelle pour répondre à la question suivante: «Ce que l'aidé est en train de vivre ou d'exprimer, qu'est-ce que cela éveille en moi dans l'instant présent? Étant ainsi centrée sur le présent, la réponse à cette question se formulera vraisemblablement en termes de sentiments ou d'images. Quant au réservoir personnel, il contient les expériences passées de l'aidant, c'est-à-dire ce qu'il a vécu, ce qu'il a appris personnellement jusqu'ici sur lui-même et sur l'aventure humaine. L'aidant utilise ce réservoir pour se demander: «Ce que l'aidant est en train de vivre ou d'exprimer, qu'est-ce que cela rejoint dans mon vécu passé?»

Cette distinction entre caisse de résonance et réservoir pourrait s'avérer importante, parce qu'il est possible que les interventions de l'aidant provenant de ces deux sources provoquent des réactions différentes auprès de l'aidé.

Deux chercheuses américaines ont en effet utilisé cette distinction entre les réponses centrées sur l'expérience *passée* de l'aidant («self-disclosing responses») et les réponses centrées sur la réaction personnelle de l'aidant au vécu *présent* de l'aidé («self-involving responses»).

Elles ont ensuite procédé à une expérience qui suggère entre autres que les interventions où l'aidant communique son expérience passée tendent à amener l'aidé à se

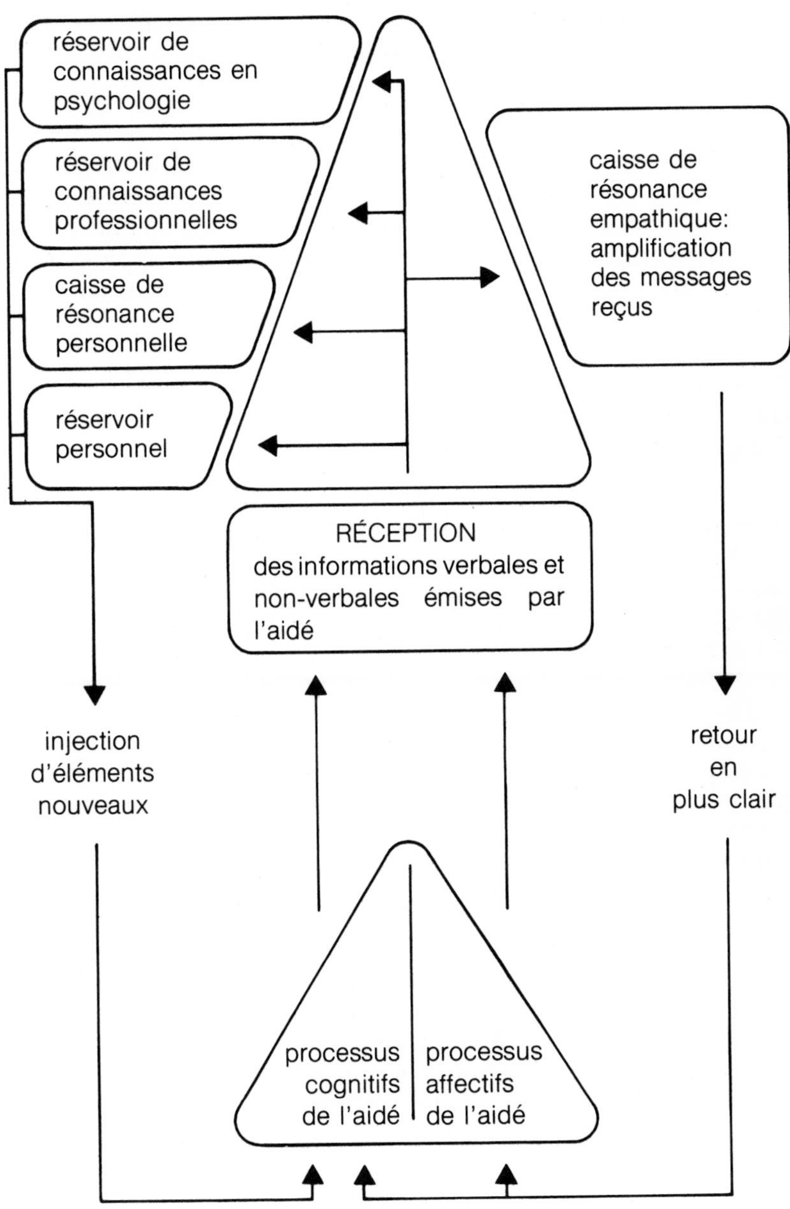

Figure 4: *Un modèle intégré de relation d'aide (version complète)*

centrer sur l'aidant et sur son expérience, alors que les interventions de l'aidant exprimant son vécu actuel face à l'aidé tendent à favoriser chez l'aidé une plus grande centration sur son expérience présente[9].

Cette recherche très embryonnaire ne devrait pas disqualifier les interventions centrées sur l'expérience passée de l'aidant, même si celles-ci semblent moins immédiatement productives par rapport à la démarche d'exploration de l'aidé. Il peut en effet y avoir des situations où l'aidé peut profiter d'un recul provisoire face à son vécu et d'une centration provisoire sur le vécu d'autrui. Nous reviendrons plus loin sur cette question. Jetons pour l'instant un coup d'œil au modèle tel que nous venons de le compléter. *(voir Figure 4, p. 41)*

Tel qu'il apparaît maintenant, le modèle permet d'opérer une distinction importante. Si l'aidant laisse son expérience personnelle déborder du côté droit, on a alors contamination ou parasitage du vécu de l'aidé par le vécu de l'aidant. L'aidant ne reflète plus le vécu de l'aidé, mais il vient colorer ce vécu de l'aidé avec le sien, rendant ainsi plus difficile l'exploration de la réalité propre à l'aidé.

Mais si l'aidant injecte clairement son expérience du côté gauche, alors l'altérité cesse d'être altération pour devenir stimulation. Cette intervention permet en effet à l'aidé de sentir les mêmes problèmes, mais à partir d'horizons différents, d'explorer son vécu en adoptant provisoirement des points de référence différents.

Nous reviendrons plus loin, au chapitre consacré à la confrontation, sur le danger d'une utilisation trop rigide des points de référence de l'aidant. Limitons-nous pour l'instant à dire que l'évocation par l'aidant de son vécu ou de ses valeurs n'équivaut pas nécessairement à une *évaluation* du vécu de l'aidé à partir de celui de l'aidant.

LES EFFETS DE L'IMPLICATION

Nous pourrions maintenant énumérer certains effets possibles sur l'aidé de l'implication de l'aidant, tels que Jourard les entrevoit.

1. En se dégageant du caractère formel de ses techniques, l'aidant devient davantage imprévisible, et par conséquent moins facile à manipuler par un aidé résistant.

2. On pourrait redouter qu'une telle «libération» de l'aidant n'ait pour effet de le rendre davantage menaçant pour l'aidé, mais Jourard estime au contraire que c'est l'inverse qui se produit. Un aidant qui prend l'initiative de s'impliquer se présente ainsi comme un humain face à un autre humain, ce qui a pour effet d'augmenter la confiance de l'aidé à son endroit.

3. En exprimant avec simplicité et délicatesse sa réalité du moment, l'aidant fournit à l'aidé une illustration privilégiée de ce que peut être concrètement un fonctionnement congruent. Jourard fait remarquer qu'étant donné que le phénomène d'identification joue de toute façon, il est préférable de s'identifier à une personne authentique qu'à un émetteur de reflets ou à un débiteur d'interprétations[10]!

4. À ces effets, on peut ajouter un changement éventuel de la perception de l'aidé par lui-même. Ce changement de perception pourrait s'opérer par la prise de conscience suivante: «Si une personne aussi importante que l'aidant prend la peine de me révéler des choses aussi significatives sur lui-même, cela doit être parce que j'en vaux la peine.»

L'image de soi ne change certes pas facilement, mais il arrive en relation d'aide que cette image devienne plus mobile, et qu'elle soit effectivement influencée en décodant comme suit le message de l'aidant: «Je te respecte assez, tu comptes assez pour moi pour que je tienne à être tout à fait moi-même avec toi.»

L'ajout que nous avons fait au modèle pourrait sembler une simple addition aux techniques d'intervention de l'aidant. Mais on peut aussi interpréter cette modification comme un élargissement significatif de la perception même de la fonction d'aidant.

Le psychologue américain Maslow écrit que «l'être humain a besoin d'un cadre de valeurs, d'une philosophie de la vie (...) à partir de laquelle il puisse vivre et dégager un sens à sa vie, à peu près au même sens où il a besoin de soleil, de calcium et d'amour»[12].

Ce besoin de sens est tellement fort que lorsqu'il n'est pas comblé, il peut entraîner toutes sortes de malaises physiques et un sentiment d'aliénation qui vient également perturber le fonctionnement psychologique de celui qui l'éprouve.

Lorsqu'une telle personne se présente en relation d'aide, elle a donc besoin d'autre chose que de bons reflets. C'est pourquoi un autre auteur écrit que dans cette exploration que l'aidé doit mener «sur ce qui est réel, vrai et bon dans la vie quotidienne, les aidants doivent avoir quelque chose de substantiel à mettre à contribution», dans la ligne des points de repère à partir desquels ils essaient eux-mêmes de vivre leur vie[13].

L'EXEMPLE D'UN AIDANT QUI S'IMPLIQUE

Dans ce type d'accompagnement, Jourard va jusqu'à concevoir l'aidant comme un «guide existentiel», comme l'équivalent occidental du gourou ou du maître oriental. À ce titre, l'aidant représente une personne qui a pris au sérieux l'aventure de sa croissance, et qui continue d'avancer en communiquant à autrui certaines de ses découvertes et certaines de ses prises de conscience.

Au-delà des reflets et des interprétations, le projet que Jourard poursuit est d'aider autrui «à devenir plus conscientisé, plus libéré des habitudes, des pressions sociales, du passé, ou d'une façon limitée de sentir la réalité».

Et pour ce faire, le psychologue américain affirme recourir aussi bien à la caisse de résonance personnelle qu'au réservoir personnel que nous décrivions plus haut: «Je n'hésite pas à partager n'importe laquelle de mes expériences de blocage existentiel qui se rapprocherait de ce que l'aidé est lui-même en train de vivre.» (réservoir personnel) «Et je n'hésite pas non plus à partager mon expérience de l'aidé, de moi-même et de notre relation, à mesure que cette expérience se déroule d'un moment à l'autre.» (caisse de résonance personnelle)[14].

Précisons en passant que cet élargissement de la fonction de l'aidant ne se fait pas au détriment de la qualité de la relation d'aide. Jourard précise qu'il continue à s'employer à faire de bons reflets et à suggérer des interprétations valides, et que la spontanéité dont il bénéficie présentement ne remplace pas une formation systématique à la relation d'aide, mais au contraire qu'elle la présuppose.

La formation théorique et pratique à la relation d'aide demeure selon lui nécessaire, et c'est seulement l'expérience consécutive à cette formation qui permet dans un deuxième temps de remettre en question certains concepts et certaines pratiques désormais perçus comme trop restrictifs, et d'accéder alors à une perspective plus personnelle et plus englobante[15].

Disons quelques mots en terminant sur les dangers d'une influence indue sur l'aidé de la part d'un aidant qui s'impliquerait trop. Présentant l'approche de la non-directivité, Kinget formule les deux propositions suivantes:

1. Plus l'aidé se considère dépourvu de compétence et de valeur, plus il est porté à être dépendant face à l'aidant.
2. Plus l'aidé est désemparé, plus il est influençable par l'aidant[16].

Ces deux propositions apparaissent vraies, à la condition toutefois que l'on affirme ensuite la réciproque:

1a. Moins l'aidé se considère dépourvu de compétence et de valeur, moins il est porté à être dépendant face à l'aidant.

2a. Moins l'aidé est désemparé, moins il est influençable par l'aidant.

Dans ces perspectives, un aidé qui est relativement autonome et qui manifeste un assez bon contact avec ses ressources personnelles diffère sensiblement d'un aidé dépendant et désemparé. Pour l'aidé dépendant et désemparé, Kinget a raison de redouter que plus l'implication de l'aidant sera grande, «moins (l'aidé) s'exercera à la pratique du jugement autonome, de l'initiative personnelle, et du développement de critères ancrés dans son expérience à lui»[17]. Mais pour un aidé plus autonome et plus critique, il faut inverser l'affirmation de Kinget et dire que c'est justement l'implication personnelle de l'aidant qui stimulera l'aidé dans l'exploration et la prise en charge de sa réalité propre.

---

1. ROGERS, C., *On Becoming a Person,* Boston, Houghton Mifflin, 1961, p. 61.
2. JOURARD, S., *The Transparent Self,* Second Edition, New York, Van Nostrand, 1971, p. 138.
3. JOURARD, *The Transparent...,* p. 140.
4. JOURARD, *The Transparent...,* p. 141-142.
5. JOURARD, *The Transparent...,* p. 148.
6. VAN KAAM, A., *The Art of Existential Counseling,* Wilkes-Barre, Penna, Dimension Books, 1966, p. 17.
7. VAN KAAM, *The Art...,* p. 21.
8. JOURARD, *The Transparent...,* p. 134; voir aussi VAN KAAM, *The Art...,* p. 31.
9. MCCARTHY, P., BETZ, N., Differential Effects of Self-disclosing Versus Self-involving Counselor Statements, in *Journal of Counseling Psychology,* 1978, vol. 25, No. 4, pp. 251-256.
10. JOURARD, *The Transparent...,* pp. 148-149.
11. JOURARD, *The Transparent...,* pp. 158-159.
12. MASLOW, A., *Toward a Psychology of Being,* 2nd Edition, Princeton, New Jersey, Van Nostrand, 1968 (c. 1962), p. 206.
13. PEAVY, V., Existential Reflections on Counseling, dans *Canadian Counsellor,* V. 13, 1978-1979, pp. 40-41.
14. JOURARD, *The Transparent...,* p. 159.
15. JOURARD, *The Transparent...,* p. 160.
16. KINGET, M., ROGERS, C., *Psychothérapie et relations humaines,* Vol. I, 2ème édition, Montréal, Institut de Recherches Psychologiques, 1965 (c. 1959), pp. 24-25.
17. KINGET, ROGERS, *Psychothérapie...,* p. 24.

CHAPITRE 5

La question du diagnostic

Lorsqu'on le fait intervenir dans le contexte de la relation d'aide, le concept de diagnostic soulève fréquemment des résistances de la part des aidants en formation. Regardons de plus près les principales formes que prennent ces résistances.

1. LE DIAGNOSTIC COMME JUGEMENT

La résistance en cause ici pourrait se formuler de la façon suivante: «Qui sommes-nous pour juger quelqu'un d'autre?» Le diagnostic se trouve ici assimilé à un jugement, c'est-à-dire à une approbation ou — le plus souvent — à une réprobation de la façon dont l'aidé fonctionne ou de la façon dont il organise sa vie. Selon cette compréhension, diagnostiquer c'est «trouver des bibittes», *et* laisser entendre que ces «bibittes» ne devraient pas être là.

Il arrive effectivement que les aidants qui se sentent personnellement menacés ou impatientés par certains fonctionnements de leurs aidés, leur communiquent plus ou moins clairement leur réprobation sous forme de diagnostic. Il y a une façon de dire: «Je pense que tu as un problème de communication dans ton couple», qui équivaut en fait à dire: «Ton problème, c'est que tu es trop lâche pour parler à ta femme». Il y a une façon de dire: «Il m'apparaît que tu as développé pas mal de passivité dans ta vie», qui signifie en fait: «Si tu arrêtais de te laisser vivre et si tu te prenais en main, les situations dont tu te plains ne se produiraient plus».

Dans ces exemples, l'aidant utilise de fait le diagnostic pour communiquer le message suivant: «Ton problème est simple et tu as tort de ne pas le régler.»

Toutefois, il est heureusement possible d'imaginer un aidant qui disposerait d'une plus grande sécurité personnelle et qui éprouverait davantage de bienveillance pour son aidé. Cet aidant pourrait utiliser le diagnostic pour clarifier la façon dont le problème se pose (selon des modalités que nous préciserons plus bas).

En agissant ainsi, le présupposé de l'aidant n'est pas que l'aidé *a tort* d'avoir un problème, mais qu'en mobilisant ses ressources, il *peut* exercer un certain contrôle sur cette situation ou ce fonctionnement problématique.

En résumé donc, il est vrai que le diagnostic est un jugement, au sens d'une démarche cognitive qui essaie de comprendre au mieux la dynamique d'une situation ou d'un fonctionnement qui fait problème. Mais il n'est pas vrai que ce jugement doive nécessairement prendre la forme d'une réprobation de ce fonctionnement ou d'un rejet de la personne en cause.

2. LE DIAGNOSTIC COMME EXPERTISE DÉPERSONNALISANTE

Ce deuxième type de résistance pourrait s'exprimer ainsi: «Pourquoi coller des étiquettes sur les gens?» Derrière cette objection, on retrouve la critique du modèle médical traditionnel «qui traite des symptômes et non des personnes».

Dans le contexte de la relation d'aide, le diagnostic est perçu comme une démarche arbitraire qui isole certains indices à l'exclusion d'autres, et qui ne peut dès lors donner lieu qu'à une vision compartimentée du traitement découlant de ce diagnostic.

Prenons l'exemple d'un aidé qui manifeste une certaine dépendance par rapport à son conjoint. Supposons qu'une analyse plus poussée de la dynamique de cette personne permettrait de constater que cette dépendance apparente est en réalité un «pacte de non-agression» que les deux conjoints ont passé plus ou moins à leur insu: je te laisse décider pour nous deux dans tel et tel domaine de notre vie, mais en revanche, tu acceptes que j'aie tel ou tel fonctionnement dans un autre secteur de notre vie.

Il est bien sûr qu'un aidant qui ne retiendrait que les indices de dépendance et qui déciderait de «travailler» cette dépendance en entrevue se condamnerait à l'échec, et ne réussirait pas beaucoup à faciliter chez son aidé une prise de conscience plus éclairante de l'ensemble de la dynamique dans laquelle celui-ci se trouve engagé et dans laquelle il faut chercher la clé du problème.

On associe facilement «diagnostic» à «symptômes» et «analyse des symptômes» à «traitement spécifique». Or, la personne humaine est un système complexe en interaction avec un milieu physique et social qui est complexe lui aussi. C'est pourquoi le fait d'emprunter le concept de diagnostic au modèle médical classique apparaît problématique à plusieurs.

Mais on verra plus loin comment il est possible de repenser le modèle médical et pourquoi le concept de diagnostic demeure irremplaçable dans la relation d'aide.

3. LE COUPLE DIAGNOSTIC — TRAITEMENT COMME ATTEINTE À LA LIBERTÉ DE L'AIDÉ

Ce troisième type de résistance émane de la préoccupation de la liberté humaine et pourrait se formuler comme suit: «Pourquoi l'aidant utiliserait-il son prestige et son autorité pour parachuter sur l'aidé une formulation du problème et une solution étrangères à ce dernier?» La démarche de relation d'aide est habituellement l'occasion de choix existentiels marquants de la part de l'aidé, qu'il s'agisse d'une possibilité de divorce, d'un choix professionnel, ou encore de la façon de se situer face à soi-même (par exemple face à son agressivité, à sa tendresse, à sa sexualité...).

Selon ces opposants, la nature même de ces questions oblige l'aidant à demeurer neutre et à s'abstenir de «contaminer» le processus avec les présupposés théoriques à la base de ses diagnostics.

Recourir à un diagnostic, c'est inévitablement recourir à une théorie plutôt qu'à une autre, privilégier telles recherches plutôt que d'autres, et à la limite, telles valeurs plutôt que d'autres.

Or, étant donné que le traitement découle directement du diagnostic posé, diagnostiquer à partir de telle théorie, c'est soumettre l'aidé au traitement correspondant, et ceci, sans son consentement.

Cette dernière affirmation pourra sembler un peu exagérée. Il reste cependant que tout expert — et l'aidant se perçoit facilement comme un expert — est porté à se fonder sur le caractère autorisé de ses connaissances pour déterminer le traitement qu'il *lui faut* prescrire. Ce faisant, l'aidant n'a pas l'impression d'enfreindre la liberté de son aidé, mais il a tout simplement la conviction de s'acquitter honnêtement de son rôle d'expert. Illustrons par un exemple.

Je discutais un jour avec un animateur de pastorale des adolescents qui vont consulter pour savoir s'ils doivent quitter ou non le domicile familial pour aller vivre en appartement.

Examinant avec lui les différentes dynamiques affectives sous-jacentes à ce questionnement, j'abordai le cas d'un adolescent qui se sentait écrasé par son père. J'exprimai alors l'avis qu'un animateur de pastorale pouvait «lire» dans cette situation le cas d'une personne en train de s'arracher à une forme d'oppression psychologique, pouvait assimiler cette situation à la sortie d'Égypte, et entreprendre dès lors d'aider le jeune à explorer les différents enjeux de cette «sortie» du milieu familial oppressant.

On retrouve ici les différents éléments de la séquence observation-diagnostic-traitement, soit: *observation* des indices de relation père-fils écrasante et de l'insatisfaction grandissante du fils, *diagnostic* d'une personne en train de mobiliser ses ressources pour se retirer d'une situation destructive *et* désirabilité de cette réaction à la lumière de la «théorie» (en l'occurrence, la Bible), et *traitement,* c'est-à-dire décision de l'aidant de «travailler» les éléments de la situation orientés vers le départ du domicile paternel: clarification des insatisfactions, exploration des solutions de rechange, expression de la culpabilité et réactions à celle-ci, évocation de l'événement de l'exode et de son caractère de référence pour le cheminement des chrétiens, etc.

Cet exemple illustre bien le lien spontané que l'aidant établit entre sa *lecture* ou son interprétation de ce qui se passe (le diagnostic) et le rôle correspondant qu'il jouera dans la suite de l'entrevue (le traitement).

Ce lien diagnostic-traitement ou lecture-intervention devient plus clair encore si l'on examine la réaction de mon interlocuteur. Celui-ci s'inscrivit en faux contre mon interprétation, et fit valoir que l'Évangile prescrivait au contraire la douceur et le pardon des offenses (J'avais exprimé l'opinion que le départ du domicile familial pouvait entraîner des affrontements entre le père et le fils mais que ceux-ci avaient de bonnes chances d'être positifs pour le fils.)

On voit ici la logique de cette deuxième séquence: *observation* d'indices de torts causés à un adolescent par son père et d'interrogations de la part du fils sur la façon dont il doit réagir, *diagnostic* d'une personne en situation d'apprendre le pardon et désirabilité de cet apprentissage à la lumière de la «théorie» (en l'occurrence, l'Évangile), et *traitement,* c'est-à-dire décision de l'aidant de «travailler» les éléments de la situation orientés vers le fait pour l'aidé de demeurer au domicile familial et de pardonner à son père: clarification des résistances à partir, expression de la culpabilité, clarification des aspirations à une relation harmonieuse avec le père, évocation des paroles de Jésus portant sur le pardon des offenses et sur leur caractère de référence pour le cheminement des chrétiens, etc.

Ces exemples permettent de voir l'influence significative que l'aidant peut exercer sur le cheminement de l'aidé. Les opposants du troisième type relient l'existence de cette influence à la formulation du diagnostic, et tentent de la faire disparaître en faisant disparaître le diagnostic.

LE DIAGNOSTIC INÉVITABLE

Mais les choses ne sont pas aussi simples. À la limite, il faut poser la question non plus de savoir s'il est *opportun* ou pas de faire un diagnostic, mais plus fondamentalement encore, s'il est *possible* de fonctionner cognitivement sans faire de diagnostic.

Les études sur le fonctionnement cognitif tendent de fait à montrer que toute activité perceptuelle s'accompagne d'une activité organisatrice. L'humain n'est pas d'abord purement récepteur, et dans un deuxième temps évaluateur, interprète ou analyste. Le couple perception-organisation est toujours entremêlé, et qui dit organisation dit référence plus ou moins formelle à des perceptions ou connaissances antérieures, et donc, diagnostic (c'est-à-dire traitement critique des indices en train d'émerger). Le psychologue américain D.E. Hamachek résume bien ce phénomène lorsqu'il définit la perception comme «le processus par lequel nous sélectionnons, organisons et interprétons les stimulations sensorielles dans une vision du monde signifiante et cohérente»[1].

En changeant l'expression «vision du monde» par «fonctionnement personnel de l'aidé», on obtiendrait ainsi une bonne définition du diagnostic, qui se lirait comme suit: Le diagnostic est le processus cognitif par lequel l'aidant sélectionne, organise et interprète les informations verbales et non-verbales émises par l'aidé, à l'intérieur d'une vision signifiante et cohérente du fonctionnement personnel de cet aidé.

Dès lors, la question n'est plus de savoir si l'aidant organise ou non ses perceptions (s'il travaille avec ou sans diagnostic), mais de devenir conscient du diagnostic qu'il utilise spontanément et parfois même à son insu.

L'exemple relativement simple que j'ai présenté plus haut a spontanément donné lieu à des diagnostics différents chez deux aidants potentiels. Or, étant donné que dans les questions à caractère existentiel, on ne peut jamais être sûr de rien, les diagnostics en présence revêtent tous deux le caractère d'hypothèses.

À vrai dire, dès qu'on a affaire à un système le moindrement complexe, on ne peut faire autrement que de parler en termes d'hypothèses. Et cela vaut même si la technologie impliquée dans l'analyse des indices observés s'avère très sophistiquée.

C'est ainsi que le diagnostic du médecin ne diffère pas de celui de l'aidant, au sens où les deux diagnostics sont en fait des hypothèses. Lorsqu'un médecin diagnostique un cas d'hypoglycémie, par exemple, il emprunte le cheminement mental suivant:

— Jusqu'ici, l'observation clinique a montré que les personnes souffrant d'hypoglycémie présentaient toutes quelques-uns des cinq symptômes suivants...

— La personne que j'ai devant moi présente trois de ces cinq symptômes.

— Sur la base de ces connaissances et de ces observations, je fais l'hypothèse que cette personne appartient à la population des personnes qui souffrent d'hypoglycémie.

— Sur la base de cette hypothèse, je prescris le traitement suivant...

À partir de cette illustration, il devient facile à comprendre que les trois symptômes observés pourraient tout aussi bien appartenir non pas à la configuration de l'hypoglycémie, mais, disons, à la configuration de l'empoisonnement au plomb.

C'est ainsi qu'un médecin diagnostiquait un jour un ulcère d'estomac chez une personne qui souffrait en fait de thromboses coronariennes.

C'est pourquoi St-Arnaud écrit qu'un bon aidant (ou un bon médecin!) est celui dont le savoir est assez étendu pour permettre la formulation de plusieurs hypothèses[2]. Celui qui dispose de plusieurs hypothèses, en effet, peut les critiquer les unes par les autres, évaluer leur degré respectif de probabilité, être mieux en mesure de se mettre à l'affût des indices manquants et mieux tirer parti des indices inexplicables, etc.

LE DIAGNOSTIC COMME PROCESSUS

Les différentes objections que l'on soulève à l'encontre du diagnostic convergent vers le fait que celui-ci soit quelque chose d'imposé. Arbuckle formule ainsi l'enjeu central du diagnostic: «Est-ce que le diagnostic auquel l'aidé arrive en est un qu'il a développé lui-même, avec l'aide de l'aidant, ou est-ce un diagnostic qui lui a été imposé?»[3].

Cette formulation a cependant pour effet d'enfermer la question du diagnostic dans une fausse alternative. Le diagnostic n'est pas nécessairement soit un événement auquel on «arrive» à une heure précise, soit un jugement que l'on impose à quelqu'un. Le diagnostic correspond plutôt à la compréhension que l'on se fait de la réalité telle qu'on la perçoit à partir de ses points de repère familiers, lesquels points de repère peuvent être plus ou moins raffinés en termes de concepts théoriques.

À ce titre, la compréhension d'un phénomène ou d'un ensemble de phénomènes apparaît comme une opération progressive et continue. C'est pourquoi la façon la plus satisfaisante d'approcher le diagnostic est de se le représenter, avec Blocher, comme «le processus par lequel l'aidant en arrive à comprendre l'aidé, son univers, et la signification que revêtent pour lui ses interactions avec cet univers»[4].

Blocher fait remarquer qu'à partir du moment où l'on conçoit ainsi le diagnostic, la question de savoir s'il faut en faire un ou non se règle d'elle-même dès que l'aidant entreprend de faire un effort sérieux pour comprendre son aidé.

Les psychologues Carkhuff et Berenson partagent eux aussi cette approche lorsqu'ils écrivent: «Pour nous, un processus diagnostique signifiant découle d'un processus permanent d'interaction entre le thérapeute et le client. Il n'y a pas de processus diagnostique séparé et distinct.»[5]

Avant de continuer à préciser, au chapitre suivant, la fonction du diagnostic dans la relation d'aide, concluons le présent chapitre en disant —avec un brin de malice— que plusieurs opposants portent un diagnostic sévère sur le fait de diagnostiquer!

---

1. HAMACHEK, D., *Encounters with the Self,* New York, Holt, Rinehart and Winston, 1971, p. 33.
2. ST-ARNAUD, Y., *La dynamique expert-facilitateur dans la relation d'aide individuelle,* Document polycopié, 1979, p. 9.
3. ARBUCKLE, D., *Counselling and Psychotherapy, An Existential-Humanistic View,* 3rd Édition, Boston, Allyn and Bacon Inc., 1975, p. 250.
4. BLOCHER, D., *Developmental Counseling,* New York, The Ronald Press Company, 1966, p. 130.

CHAPITRE 6

Le diagnostic dans la relation d'aide

On a vu au chapitre précédent que le diagnostic est un concept dynamique au sens où il ne permet pas seulement de *savoir,* mais également de *prévoir,* et partant, d'*influencer.*

Examinons de plus près, à l'aide d'une illustration empruntée au contexte de la relation d'aide, cet enchaînement savoir-prévoir-influencer. Regardons d'abord une partie du savoir de l'aidant.

S^1: Je sais que beaucoup de personnes rient pour masquer leur embarras.

S^2: Je sais que la plupart des personnes qui rient pour masquer leur embarras *peuvent* renoncer à cette fuite et exprimer leur véritable sentiment.

S^3: Je sais que le fait d'attirer l'attention de quelqu'un sur cette contradiction entre son émotion et son comportement a souvent pour effet immédiat d'augmenter son embarras.

S^4: Mais je sais aussi que dans la plupart des cas, et à long terme, on y gagne à agir sur la base de ses vraies émotions.

S^5: Je sais enfin qu'une série d'interventions de la part de l'aidant peut effectivement permettre à l'aidé de se mouvoir dans la direction évoquée en S^4.

Or, voici que j'ai devant moi une personne qui rit, mais chez laquelle j'observe en même temps quatre indices de nervosité: rythme d'élocution saccadé, rougeurs au visage, mains crispées, position rigide sur le fauteuil.

En confrontant ces indices à mon savoir, je formule les cinq hypothèses suivantes:

H^1: Cette personne fait partie de ceux qui rient pour masquer leur embarras.

H^2: Cette personne fait partie de ceux qui peuvent prendre contact avec leur embarras et l'exprimer (parce que je sens par ailleurs chez elle des ressources suffisantes).

H^3: Cette personne fait partie de ceux chez qui l'embarras augmenterait encore s'ils étaient confrontés à leur contradiction.

H^4: Cette personne fait partie de ceux qui ont intérêt à long terme à agir en étant davantage en contact avec leurs vraies émotions.

H^5: Cette personne fait partie de ceux qu'une série d'interventions de la part de l'aidant aiderait à se mouvoir vers une plus grande expression de leurs sentiments.

À partir de ces hypothèses, je peux maintenant formuler les prévisions suivantes:

P^1: L'embarras de cette personne va augmenter si je lui signale la contradiction entre son rire et son embarras (en relation avec l'hypothèse 3).

P^2: Cette personne se sentira mieux et sera plus spontanée lorsqu'elle agira en étant davantage en contact avec ses vraies émotions (en relation avec l'hypothèse 4).

P^3: Les interventions que je ferai tantôt l'aideront à se mouvoir dans cette direction (en relation avec l'hypothèse 5).

Et enfin, ces prévisions découlant de mes hypothèses me permettront d'influencer effectivement la réalité de la personne en cause, c'est-à-dire d'exercer sur elle un impact positif, ce qui représente précisément la raison pour laquelle celle-ci est venue me consulter.

MODÈLE MÉDICAL ET RELATION D'AIDE

Pour fin de clarté, reprenons les quatre moments de cette séquence (colonne de droite), en établissant la correspondance avec les quatre moments de la même séquence dans le modèle médical (colonne de gauche).

MODÈLE MÉDICAL	RELATION D'AIDE
observation des symptômes	réception des informations émises par l'aidé
↓	↓
diagnostic de la maladie	interprétation
↓	↓
traitement	injection
↓	↓
guérison	changement

Figure 5: *Le modèle médical et la relation d'aide*

Il faut toutefois apporter une précision importante en ce qui a trait à ce rapprochement avec le modèle médical. Le modèle médical classique correspondait à la conception de la physique du temps. Or, celle-ci s'intéressait aux objets inanimés, lesquels ne peuvent que retransmettre l'impulsion reçue, à la manière du jeu de billard où le bras communique une impulsion initiale à la baguette, qui transmet cette impulsion à la boule 1, laquelle la retransmet à la boule 2, et ainsi de suite.

Mais les organismes vivants ne sont pas des boules de billard. Si je heurte du pied une pierre, celle-ci roulera sur une certaine distance et s'arrêtera dès que l'énergie communiquée aura été dépensée. Mais si au lieu d'une pierre, mon pied heurte un chien, la réaction devient beaucoup plus difficile à prévoir.

Trois auteurs américains commentent ainsi ce phénomène: «Il est évident que le chien puise l'énergie nécessaire à sa réaction» (fuir, aboyer, ou au contraire, bondir et mordre) «dans son propre métabolisme, et non dans le coup de pied. Ce qui est transmis, ce n'est donc plus de l'énergie, mais de l'information.»[1]

Or, la communication d'information à un organisme vivant, intelligent ou non, entraîne la possibilité de *réaction* de cet organisme (techniquement: rétroaction ou feedback). Ce phénomène de retour de l'information est tellement fondamental que c'est en bâtissant des machines sur le modèle des organismes vivants qu'on a inauguré l'ère des ordinateurs.

Le concept de rétroaction entraîne l'abandon du modèle médical classique, qui présentait comme une séquence à sens unique l'enchaînement observation-diagnostic-traitement-guérison.

Les quatre étapes fondamentales demeurent, mais elles se trouvent mises en relation dans un modèle tout à fait différent (associé à la théorie des systèmes ou à la cybernétique). Voici comment se présente ce nouveau modèle. *(voir Figure 6, p. 63)*

À la différence du modèle classique où le mouvement n'allait que du haut vers le bas, le modèle dynamique prévoit le retour de l'information (rétroaction) du bas vers le haut.

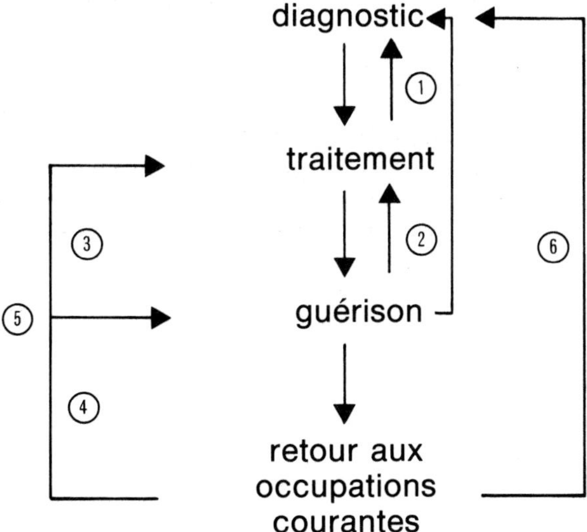

Figure 6: *Modèle médical «dynamique»*

Les flèches ascendantes numérotées indiquent les rétroactions suivantes:

1. La réaction du patient au traitement peut venir raffiner ou modifier le diagnostic.
2. Les étapes et le rythme de la guérison peuvent entraîner des réajustements du traitement...
3. ...et, bien sûr, du diagnostic.
4. Le retour aux occupations courantes peut venir consolider la guérison, ou au contraire, provoquer des rechutes.
5. ...ce qui amène à reviser le traitement, le cas échéant...
6. ...et à raffiner éventuellement le diagnostic («tel type de symptômes combiné à tel type de personne est susceptible d'entraîner telle réaction dans tel type de situation»).

LES SOURCES D'INFLUENCE DANS LA RELATION D'AIDE

Ce modèle dynamique se caractérise donc par la présence de circuits permettant la circulation constante d'information entre les différents sous-systèmes impliqués. Le modèle rend compte en effet des nombreux sous-systèmes en cause dans la relation médecin-patient ou aidant-aidé. Illustrons à partir de cette dernière relation aidant-aidé.

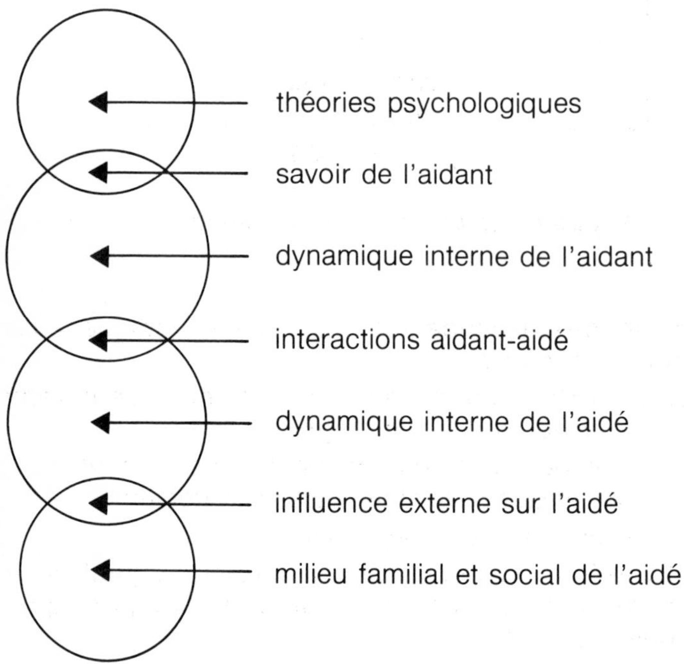

Figure 7: *Les sous-systèmes dans la relation aidant-aidé*

Cette dernière figure illustre la complexité de la relation aidant-aidé, et plus précisément, la multiplicité des sources d'influence susceptibles d'affecter cette relation. La variété de ces courants d'influence actifs dans la réalité requiert donc un modèle théorique qui puisse rendre compte de cette circulation d'information, s'il veut être de quelque utilité.

Or, le modèle de la relation d'aide présenté au début de ce document est justement conçu de manière à permettre cet échange constant d'information entre le sous-système de l'aidant et celui de l'aidé.

Les considérations qui précèdent pourraient se résumer en deux propositions. D'une part, l'aidant et l'aidé représentent respectivement deux sous-systèmes complexes. D'autre part, le diagnostic représente un concept-clé permettant de comprendre le sens des interventions de l'aidant auprès de l'aidé. (Ce concept de diagnostic correspond à ce que nous appelions «décodage objectif» lors de la présentation du modèle de la relation d'aide, au chapitre 2.)

On est ainsi en mesure de saisir le rôle irremplaçable du diagnostic dans la dynamique de la relation d'aide. Sans diagnostic, en effet, sans idée de la part de l'aidant sur ce qui est en train de se passer, l'aidé risquerait de se retrouver devant un monstre qui ne serait qu'une grosse oreille, ou devant une machine qui n'émettrait des sons, des mots ou des sentiments que selon le hasard le plus déconcertant.

Dans la relation d'aide rogérienne la plus classique, on retrouve nécessairement la présence d'un diagnostic, lorsqu'on a affaire à un aidant expérimenté et efficace. Ceci tient déjà au fait que, ainsi qu'on l'a rappelé plus haut, toute perception est déjà organisation de ce qui est en train d'être perçu, ne serait-ce qu'à partir de références très élémentaires. Mais la nécessité du diagnostic tient aussi à un autre phénomène, relatif celui-là à la nature même du champ expérientiel de l'aidé.

LE PHÉNOMÈNE DU CHAMP EXPÉRIENTIEL

L'expression «champ expérientiel» ou «champ perceptuel» correspond à l'univers personnel de quelqu'un, c'est-à-dire à la conscience qu'a cette personne d'être affectée par ce qui se passe aussi bien à l'extérieur d'elle-même qu'à l'intérieur d'elle-même.

Pour simplifier les choses, on pourrait dire que le champ perceptuel correspond à toutes fins pratiques à la conscience psychologique, c'est-à-dire à la connaissance que nous avons à un moment précis de ce que nous sommes et de ce qui nous arrive.

St-Arnaud englobe dans le champ perceptuel des sentiments ou des réalités dont la personne ne serait pas clairement consciente: «Même si des processus agissent à l'insu de la personne, celle-ci est toujours consciente d'être le lieu de ces processus et elle en a toujours une certaine perception.»[2]

Cette précision attire notre attention sur une caractéristique importante du champ perceptuel, que j'appellerais sa structure géologique. On peut en effet imaginer le champ perceptuel comme un terrain constitué de différentes couches superposées représentant chacune un état affectif différent.

Illustrons par un exemple. L'aidé déclare qu'il vient d'apprendre par un huissier que son conjoint a entrepris des démarches légales en vue d'un divorce. Son champ perceptuel pourrait être structuré de la façon suivante. *(voir Figure 8, p. 67)*

Faisons l'hypothèse, dans le cadre de cet exemple, que l'aidant perçoit la présence des quatre premiers sentiments (stupeur, désarroi, colère et tristesse).

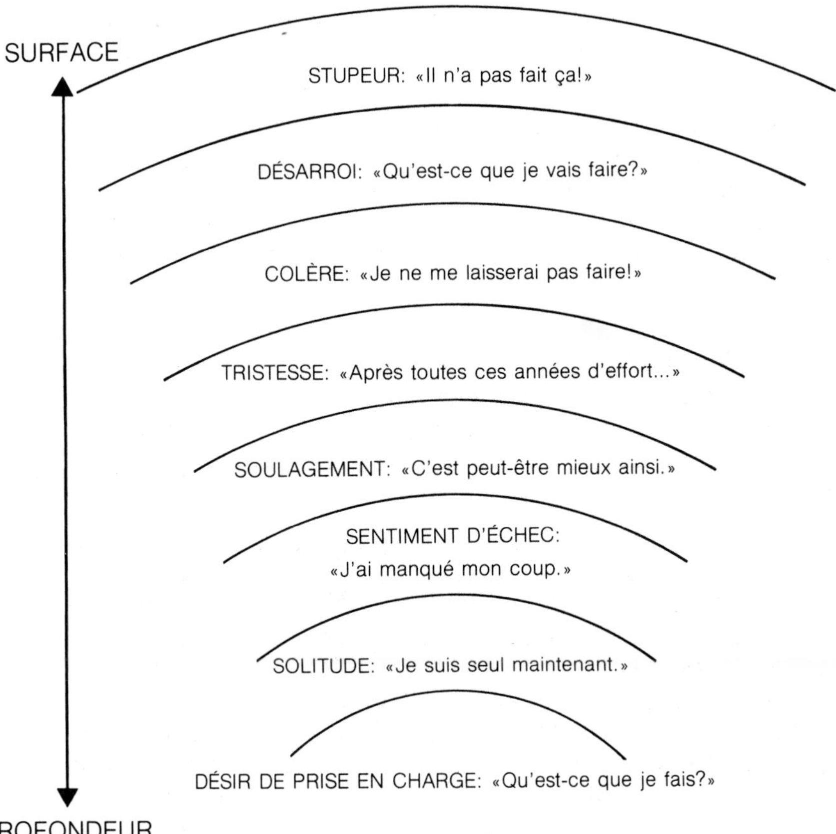

Figure 8: *Une coupe du champ expérientiel*

L'approche rogérienne conventionnelle serait tout simplement de refléter le sentiment le plus évident (ou la combinaison des deux sentiments les plus évidents, ce qu'on appelle l'ambivalence). L'objectif de cette démarche est qu'une fois ce sentiment clairement ressenti et reconnu, l'aidé ait alors le champ libre pour laisser monter et reconnaître le sentiment immédiatement sous-jacent, et ainsi de suite, de manière à pouvoir ensuite discerner l'action qui lui convient le mieux.

Cette approche est logique, sécuritaire, respectueuse du vécu immédiat de l'aidé, et normalement efficace aussi. Mais il arrive fréquemment aussi que l'impact de ce sentiment de surface ait pour effet d'enfermer l'aidé à ce niveau, et de lui bloquer l'accès aux couches plus profondes de son vécu.

Dans de tels cas, continuer à refléter la stupeur aurait un effet de cercle vicieux, car l'aidé se trouverait continuellement ramené à sa stupeur et à son désarroi sous-jacent, et plus son sentiment d'impuissance augmenterait, plus il se défendrait contre la menace des sentiments plus profonds.

C'est pourquoi Kinget et Rogers distinguent entre le *reflet* et l'*élucidation*[3]. Dans notre figure, le reflet serait dirigé sur ce qui a déjà émergé à la surface, alors que l'élucidation viserait à faire émerger à la surface ce que l'aidé a exprimé plus ou moins consciemment ou sans s'y arrêter. À strictement parler, l'élucidation est encore un reflet, puisqu'il s'agit toujours de clarifier pour le bénéfice de l'aidé ce que celui-ci a exprimé. Mais ce reflet a pour effet d'amener à l'avant-scène un contenu qui était jusqu'ici demeuré périphérique dans le champ expérientiel de l'aidé.

Dans notre exemple, l'aidé a exprimé abondamment sa stupeur et son désarroi, tout en laissant filtrer un peu de sa colère et — d'une façon encore plus voilée — un peu de sa tristesse.

L'aidant se retrouve donc devant différentes avenues possibles. Il peut en effet:

— continuer à refléter les différentes façons dont l'aidé exprime sa stupeur;
— se centrer davantage sur les différentes façons dont l'aidé exprime son désarroi;

— refléter les indices verbaux et non-verbaux par lesquels l'aidé exprime plus ou moins consciemment sa colère;
— évoquer la tristesse voilée qu'il pressent à travers certains indices du discours ou du comportement de l'aidé.

Or, parler de décision de la part de l'aidant, c'est parler de délibération interne chez celui-ci, et c'est donc évoquer la présence de points de référence pour cette délibération (nommément: les connaissances de l'aidant, issues à la fois de sa formation théorique et de son expérience accumulée).

Parler de décision, c'est également parler de l'anticipation des résultats découlant de la mise en application de cette décision («Que va-t-il se passer si j'interviens de telle ou telle façon?»).

Les développements qui précèdent mettent donc bien en lumière la fonction du diagnostic, qui est de permettre à l'aidant une compréhension plus éclairée de ce qui se passe, et partant, une intervention plus féconde auprès de l'aidé.

---

1. WATZLAWICK, P., HELMICK BEAVIN, J., JACKSON, D., Une logique de la communication, (traduction de *Pragmatics of Human Communication),* Paris, Seuil, 1972, (Norton, 1967), p. 24.

2. ST-ARNAUD, Y., *La personne humaine,* Montréal, Les Éditions de l'Homme, 1974, p. 21.

3. KINGET, M., dans KINGET, M. et ROGERS, C., *Psychothérapie et relations humaines,* Vol. II, 2e édition, Montréal, Institut de Recherches Psychologiques, 1965 (c. 1959), p. 93.

CHAPITRE 7

L'interprétation

Dans le contexte de la relation d'aide, l'interprétation ressemble au diagnostic mais elle s'en distingue aussi. Diagnostic et interprétation sont tous deux des hypothèses qui naissent dans la tête de l'aidant, suite à son écoute de l'aidé. Par ailleurs, le diagnostic se présente comme englobant, alors que l'interprétation est toujours limitée à un aspect du problème de l'aidé. Et ensuite, le diagnostic est souvent conçu «pour usage interne», c'est-à-dire pour les besoins de l'aidant, alors que l'interprétation peut être considérée comme l'intervention par laquelle l'aidant communique à l'aidé une hypothèse relative au fonctionnement de ce dernier.

Deux psychologues américains font bien ressortir le caractère englobant du diagnostic lorsqu'ils définissent celui-ci comme

> «la perception croissante du consultant par rapport à la cause des problèmes du client, par rapport à ce que celui-ci doit vivre pour pouvoir changer, et par rapport à la façon dont le consultant peut utiliser ses propres ressources dans cette relation, de manière à aider le client à effectuer les changements nécessaires[1]».

En d'autres termes, le diagnostic véhicule normalement de l'information sur le «traitement», c'est-à-dire à la fois sur les interventions de l'aidant et sur l'impact de ces interventions sur l'aidé, en termes de prise de conscience et de prise en charge de la part de ce dernier.

En guise d'exemple, pensons à un aidant qui se dirait à lui-même: «D'après les indices que j'observe, cette jeune femme évolue dans une dynamique hystérique. Elle fait tout pour se rendre intéressante et séduisante. Mais si je réponds à ce niveau, elle va se sentir trahie, car je pense que c'est un père qu'elle recherche et non un amant. Je vais donc essayer de l'aider à reconnaître ses peurs, ses besoins et ses stratégies.»

À la différence du diagnostic, l'interprétation est souvent limitée à un segment beaucoup plus circonscrit du fonctionnement de l'aidé. L'aidant peut ainsi se dire: «Je fais l'hypothèse que l'automobile que mon aidé vient de donner à sa fille de seize ans, c'est l'automobile qu'il n'a pas eue quand il avait son âge.» Ou encore: «Je pense qu'il lui a donné cette automobile parce qu'il se sent coupable de ne jamais être à la maison: plus sa fille sortira, moins elle souffrira des absences de son père.»

Il reste la deuxième différence, à savoir que le diagnostic est réservé à l'aidant alors que l'interprétation est souvent communiquée à l'aidé, dans le but de faciliter chez celui-ci l'exploration de la dynamique sous-jacente à son comportement.

LE POUR ET LE CONTRE

Ce type d'intervention ne fait pas l'unanimité chez les théoriciens de la relation d'aide. Alors que certains en font une intervention privilégiée, d'autres la rangent carrément dans la catégorie des interventions indésirables. C'est le cas par exemple de Mucchielli, pour qui l'interprétation a pour effet de freiner l'expression spontanée de l'aidé et donc de retarder du même coup sa compréhension de son vécu, tout en «déclenchant une induction», c'est-à-dire l'adoption inconsciente par l'aidé des points de vue de l'aidant[2].

Cet auteur se montre dur face à ce type d'intervention, qui survient selon lui lorsque l'aidant «ne comprend que ce qu'il veut comprendre», «cherche une explication (...) à ce qui lui paraît essentiel *à lui*»[3].

Le grand reproche que Mucchielli adresse à l'interprétation, c'est que dans tous les cas, l'aidant «projette sa propre manière de comprendre, son choix personnel ou sa théorie», ce qui entraîne «nécessairement une distorsion» dans la démarche d'expression de l'aidé. C'est pourquoi l'usage répété de l'interprétation ne peut susciter chez l'aidé que «désintérêt (...), irritation (...) et blocage (...)»[4].

Une référence au modèle de la relation d'aide que nous avons présenté plus haut permettrait probablement de comprendre pourquoi cet auteur est si sévère face à l'interprétation. Celui-ci en effet aborde la relation d'aide dans une perspective «centrée sur le client», en dépendance directe de l'approche rogérienne.

Ce choix a pour effet de situer la relation d'aide exclusivement dans la partie droite de notre modèle, là où nous ne pouvons trouver que la compréhension empathique et la réponse-amplification ou réponse-reflet.

Dans une dynamique de clarification à partir de l'univers de l'aidé, il est évident qu'une interprétation découlant du statut d'observateur de l'aidant ne peut être vue que comme une interférence à éviter.

Mais déjà en 1942, alors qu'il publiait la première conceptualisation de sa fameuse «approche non-directive», Carl Rogers se montrait plus nuancé face à la question de l'interprétation. On pourrait résumer de la façon suivante la façon dont il se situait alors face à cette question.

1. Si l'aidant réussit à créer un climat d'acceptation, l'aidé cheminera à son propre rythme vers ses prises de conscience, et effectuera *la plupart* de celles-ci spontanément, et donc sans intervention directe de la part de l'aidant. (C'est moi qui souligne).

2. Si ce cheminement vers des prises de conscience fécondes n'a pas le temps de s'effectuer ou s'il se trouve entravé par des obstacles affectifs quelconque, l'interprétation ne sera d'aucun secours.

En d'autres termes, il est faux de croire que «tout ce qu'il faut faire pour aider l'individu, c'est de lui expliquer les causes de son comportement[5]».

3. «L'interprétation (...) n'a de valeur que dans la mesure où elle est acceptée et assimilée par le client.» Ou, pour parler en termes positifs: compte tenu des précisions apportées en 1 et 2, il demeure vrai «qu'une utilisation prudente et intelligente de techniques interprétatives puisse accroître l'étendue et la clarté de la compréhension de soi»[6].

Ces extraits trop souvent méconnus de la pensée de Carl Rogers le font apparaître sensiblement moins «rogérien» que plusieurs de ses disciples. Du coup, aussi, c'est la portion gauche du modèle présenté plus haut qui se trouve en accord avec la pensée de Rogers: il y a des situations où il est opportun d'«injecter» une interprétation, il y a des situations où une telle injection a effectivement pour effet de stimuler les prises de conscience de l'aidé par rapport à son fonctionnement personnel.

4. Enfin, l'enjeu important pour l'interprétation n'est pas sa validité qui est toujours présupposée — mais son «timing», c'est-à-dire le fait qu'elle ne soit pas prématurée, ce qui amènerait l'aidé à la refuser.

À ce propos, Rogers est catégorique: «On ne gagne rien à discuter une interprétation. Si une interprétation n'est pas acceptée, la non-acceptation est un fait important. L'interprétation doit être abandonnée»[7], et on pourrait ajouter: même si l'aidant est absolument sûr qu'elle est tout à fait exacte.

Dans la logique de notre modèle, on pourrait traduire ainsi: «Tout de suite après avoir injecté (à gauche), l'aidant se déplace vers la droite pour aller vérifier l'impact de cette injection dans le champ perceptuel de l'aidé (via le décodage empathique). Si l'aidé réagit en rejetant hors de son champ cette interprétation qui lui apparaît comme un «corps étranger», l'aidant ne gagnerait rien en l'y ramenant de force.

L'aidant se trouve alors amené à réajuster son diagnostic, soit en modifiant s'il y a lieu ses interprétations, soit en corrigeant l'image qu'il se fait de la disponibilité actuelle de son aidé à opérer des prises de conscience de son fonctionnement ou de ses émotions présentes.

L'INTERPRÉTATION COMME REFLET

Jusqu'ici, nous avons eu tendance à présenter l'interprétation comme émanant des connaissances et de l'expérience de l'aidant. Le modèle que nous utilisons peut donner l'impression que l'aidant n'a qu'à puiser ses interprétations dans un réservoir externe, pour les injecter dans le système de son client.

Cette représentation est partiellement exacte, mais il serait tout aussi exact de concevoir l'interprétation comme une percée un peu plus pénétrante que le reflet dans l'univers de l'aidé.

L'étymologie nous aiderait ici à mieux discerner cette parenté étroite de l'interprétation et du reflet (ou de l'amplification). Au verbe «interpréter», le dictionnaire latin dit entre autres: «éclaircir, traduire, comprendre, chercher à démêler».

En d'autres termes, s'il faut en croire l'étymologie, l'aidant ne ferait pas des choses très différentes lorsqu'il tenterait de refléter le vécu de l'aidé et lorsqu'il tenterait d'éclaircir, de démêler, de comprendre et de traduire ce vécu.

On pourrait objecter qu'un reflet constitue un retour direct, alors que l'interprétation ne sera toujours qu'une hypothèse. Mais cette distinction n'est pas si étanche qu'elle en a l'air. Il y a des interprétations qui possèdent un très haut degré de probabilité, par exemple lorsqu'un aidant voit son aidé se maintenir à un niveau de langage très abstrait et qu'il interprète ce comportement comme une façon d'éviter des émotions menaçantes. Inversement, tout reflet demeure une hypothèse: l'aidant qui fait un reflet déduit toujours un sentiment ou un contenu cognitif à partir d'indices verbaux et non-verbaux. Ce faisant, il opère à partir de l'*hypothèse* que sa déduction est légitime, ce que l'expérience ne confirme pas toujours.

Exemple: l'aidant voit l'aidé essuyer une larme au coin de son œil et lui reflète: «Ça te rend triste de parler de ça». Réaction de l'aidé: «Non, je viens de bâiller et j'ai toujours une larme quand je bâille...»

Quoique à des degrés divers, reflet et interprétation revêtent tous deux un caractère hypothétique, et représentent tous deux des tentatives de la part de l'aidant pour comprendre et faire comprendre.

DU REFLET À L'INTERPRÉTATION

Cette dernière façon de voir rejoint la position des psychologues américains Brammer et Shostrom, qui situent le reflet et l'interprétation, sur un continuum à cinq positions:

1. *Reflet:* l'aidant rejoint l'aidé là où celui-ci est rendu;
2. *Clarification:* l'aidant se situe au point que l'aidé a atteint implicitement mais consciemment;
3. «*Reflectation*»: (néologisme intraduisible): l'aidant se situe au point que l'aidé a atteint

implicitement, bien que ce point demeure légèrement au-dessous de son seuil de conscience;

4. *Confrontation:* l'aidant se déplace en direction d'un point que l'aidé a atteint implicitement mais inconsciemment;

5. *Interprétation:* en profondeur: l'aidant introduit des concepts explicatifs qui se situent à un niveau plus profond mais qui demeurent enracinés dans l'expérience de l'aidé[8].

On pourrait illustrer les cinq types d'interventions de l'aidant présentées sur ce continuum à l'aide de l'exemple suivant:

Aidé: «Je dois quitter mon emploi dans trois mois, mais je ne sais pas du tout ce que je ferai.»

Aidant:

1. *Reflet:* «Dans trois mois, c'est l'inconnu.»

2. *Clarification:* «Ça vous préoccupe de ne pas savoir ce qui vous attend.»

3. «*Reflectation*»: «Dans trois mois, il pourrait se passer des choses vraiment imprévues dans votre vie.»

4. *Confrontation:* «Trois mois pour décider ce qu'on veut devenir, c'est court.»

5. *Interprétation:* «L'image de vous-même que votre fonction vous renvoyait se trouve ébranlée, et vous vous demandez qui vous êtes vraiment.»

Dans la réponse de niveau 5, l'aidant décode le vécu de l'aidé à l'aide du concept psychologique d'identité, concept qu'il emprunte possiblement à la théorie d'Erikson. Mais à la limite on pourrait dire que l'aidant n'injecte rien de nouveau dans le champ de conscience de l'aidé, qu'il ne fait que mettre des mots nouveaux sur un vécu qui est déjà là, fût-ce à l'insu de l'aidé.

Nous continuerons cependant à parler d'injection, en ce qui a trait à la confrontation et à l'interprétation, et ceci pour la raison suivante. Dans ces deux cas, nous nous situons clairement *sous* le seuil de conscience de l'aidé, même si c'est à un niveau qui demeure encore accessible à la conscience de celui-ci. De la sorte, intervenir à ce niveau, c'est s'aventurer en terrain délicat et bousculer inévitablement la stabilité interne de l'aidé, ce qu'évoque assez bien le terme d'injection.

Brammer et Shostrom apparaissent conscients du caractère à la fois utile et délicat de l'interprétation, et ils la réservent aux dernières étapes de la relation d'aide selon leur modèle. La raison en est que l'interprétation représente une intervention plus menaçante, et qu'elle requiert pour cela deux conditions de base, à savoir: que d'une part une relation de confiance ait eu le temps de s'établir entre l'aidant et l'aidé, et d'autre part, que l'aidé soit prêt à explorer des couches plus profondes de son fonctionnement. Le chapitre qui suit devrait apporter plus de lumière sur cette question.

LE CARACTÈRE EXIGEANT DE L'INTERPRÉTATION

À partir de ce qui précède, il devrait être clair qu'interpréter représente une toute autre démarche que de plaquer du jargon psychologique sur le fonctionnement de l'aidé. Un aidant peut dire par exemple à un aidé que s'il ne peut s'empêcher de multiplier les conquêtes sexuelles, c'est parce que son complexe d'Oedipe n'est pas résolu.

Dans un cadre psychanalytique, l'aidant peut avoir tout à fait raison, mais il se peut également qu'au lieu de faire progresser l'aidé, son intervention ait au contraire pour effet de le faire régresser.

Il pourrait se faire en effet que l'aidé ne soit qu'au stade de l'exploration de ses insatisfactions, et qu'il se sente très ambivalent face à la perspective de se remettre en question. Dans ce contexte, il pourrait décoder l'interprétation de l'aidant donnée plus haut de la façon suivante: «Je comprends maintenant pourquoi j'agis comme je le fais. La psychologie me dit que c'est un comportement tout à fait normal dans mon cas. Je suis content d'être venu consulter parce que j'ai appris aujourd'hui que je m'en faisais pour rien...».

Les rationalisations «profanes» que l'aidé pouvait utiliser jusqu'ici («j'aime l'aventure», «je me marierai quand j'aurai trouvé la perle rare», etc.) ne suffisant plus, son anxiété monte et il décide de se faire aider. Mais ce que l'aidant lui donne, c'est du matériel pour se fabriquer une rationalisation encore plus forte parce que plus sophistiquée, plus autorisée, et donc plus susceptible de maintenir son anxiété sous contrôle pendant quelques années encore.

Ayant reçu ce qu'il cherchait (ce que la partie de lui qui ne veut pas changer cherchait), il est possible que cet aidé cesse ses entrevues et qu'il retourne chez lui encore plus aliéné de lui-même qu'avant.

Tel est le danger de l'interprétation-placage, caricature de l'interprétation authentique. Au lieu de se présenter comme le mot magique qui vient tout expliquer, celle-ci se présente comme le fruit de la patiente mise à l'écoute des couches plus profondes du vécu de l'aidé et de la signification de ce vécu, et elle invite l'aidé à s'engager et à persévérer lui aussi dans cette mise à l'écoute[9].

---

1. KELL, B., MUELLER, W., *Impact and Change: A Study of Counseling Relationships,* New York, Meridith Publishing Company 1966, p. 16.
2. MUCCHIELLI, R., *L'entretien de face à face dans la relation d'aide — Connaissance du problème.* Librairie Techniques/Éditions Sociales Françaises, 1967, p. 32.
3. MUCCHIELLI, R., *L'entretien de face à face dans la relation d'aide — Applications pratiques,* Librairies Techniques/Éditions Sociales Françaises, 1967, p. 23.
4. MUCCHIELLI. R., *L'entretien de face à face dans la relation d'aide — Connaissance du problème,* pp. 33-34.
5. ROGERS, C., *La relation d'aide et la psychothérapie,* Vol. I, Paris, Les Éditions Sociales Françaises, 1970 (c. 1942), p. 39.
6. ROGERS, C., *La relation d'aide...,* Vol. I, p. 41 et p. 216.
7. ROGERS, C., *La relation d'aide...,* Vol. I, p. 206.
8. BRAMMER, L., SHOSTROM, E., *Therapeutic Psychology: Fundamentals of Actualization Counseling and Psychotherapy,* Second Edition, Englewood Cliffs, Prentice-Hall, 1968, p. 281.
9. Voir à ce sujet VAN KAAM, A., *The Art of Existential Counseling,* Wilkes-Barre, Penna., Dimension Books, 1966, pp. 152-158.

CHAPITRE 8

La confrontation

Certains aidants utilisent une approche douce dans leur travail. Ils accompagnent l'aidé, sans le précéder, se contentant de refléter ce qu'il exprime à son rythme.

À la différence de cette approche d'inspiration rogérienne, d'autres aidants se montrent beaucoup plus actifs, prenant les devants pour aller soulever les masques portés par l'aidé ou pour aller contester les raisons que celui-ci se donne pour se justifier.

On retrouverait dans cette deuxième catégorie plusieurs représentants de l'école de la gestalt, de même que les aidants de l'école émotivo-rationnelle. Les aidants de la première catégorie se centrent sur le «déjà là», sur ce qui est déjà exprimé et conscientisé. Les aidants de la seconde catégorie se centrent plutôt sur le «pas encore», sur les ressources que l'aidé possède mais néglige d'utiliser dans son fonctionnement présent.

UNE DÉFINITION DE LA CONFRONTATION

Dans le contexte de la relation d'aide, confronter l'aidé, c'est donc attirer son attention sur un de ses fonctionnements, dans l'espoir de l'amener à se réajuster par rapport à ce fonctionnement. Selon les psychologues Carkhuff et Berenson, la confrontation est en ce sens «un défi lancé à l'aidé pour qu'il mobilise ses ressources et fasse un autre pas en direction d'une reconnaissance plus profonde de ce qu'il est, ou qu'il entreprenne de son propre chef une action constructive»[1].

J'ai distingué ailleurs huit sortes différentes de confrontation[2], qui ont toutes la même visée, à savoir: faciliter chez l'aidé une prise de conscience et un réajustement consécutif à celle-ci.

On pourrait pour l'instant distinguer entre la confrontation de type *psychologique*, qui est davantage centrée sur la prise de conscience, et la confrontation de type *éthique,* qui est davantage centrée sur une décision à prendre ou sur un comportement à modifier.

La confrontation de type psychologique se centre sur la dynamique sous-jacente au fonctionnement de l'aidé, de manière à provoquer chez celui-ci la prise de conscience d'une réalité non reconnue: émotion, motivation, besoin, aspiration... Le présupposé de l'aidant est le suivant: il y a un *en-dessous* à la *perception* présente de l'aidé. La confrontation de type psychologique vise ainsi à «réduire l'ambiguité et l'incongruence entre ce que l'aidé expérimente et ce qu'il communique»[3].

Quant à la confrontation de type éthique, elle se centre davantage sur l'agir de l'aidé et sur les conséquences de cet agir, à la fois pour lui-même et pour autrui. Ce qui est visé ici, c'est un changement en direction d'un comportement plus adéquat, c'est-à-dire plus respectueux de soi et d'autrui. Le présupposé de l'aidant est ici le suivant: il existe un *en avant* au *comportement* actuel de l'aidé, ou en d'autres mots, il existe des façons de faire qui sont objectivement meilleures que d'autres, et qui sont présentement à la portée de l'aidé.

Il ne faut pas, toutefois, dissocier la confrontation qui vise une prise de conscience et celle qui vise un changement de comportement, car comme le rappellent Carkhuff et Berenson, «la confrontation est le véhicule qui, ultimement, traduit la conscience et les prises de conscience en termes d'action, d'orientation, d'intégration et de signification dans la vie de l'aidé»[4].

Cette réflexion sur la confrontation nous ramène en fait à la logique de base de notre modèle. La distinction que nous faisions tantôt entre la centration sur le «déjà là» (par le reflet) et la centration sur le «pas encore» (par la confrontation), nous ramène en effet aux deux côtés du modèle.

À droite du modèle, nous avons les interventions visant à amplifier ce qui se trouve *déjà* dans le champ de conscience de l'aidé, tandis qu'à gauche, nous avons les interventions visant à injecter dans ce champ des éléments qui ne s'y trouvent *pas encore.*

C'est ainsi que les quatre éléments que l'on trouve dans la partie gauche du modèle peuvent donner lieu à différentes formes de confrontation.

1. Le réservoir de connaissances en psychologie peut donner lieu à des interprétations bousculantes pour l'aidé.
2. Il en va de même pour le réservoir de connaissances professionnelles, que ce soit au plan médical, légal, théologique ou autre.
3. La caisse de résonance personnelle peut servir à l'aidant à exprimer des impressions ou des perceptions qui surprendront l'aidé et provoqueront sa réflexion.
4. Le même impact pourra se reproduire chez l'aidé si l'aidant puise dans son réservoir d'expériences personnelles pour évoquer ses valeurs ou ses découvertes.

En résumé, donc, confronter consiste au sens courant à mettre deux réalités en présence. Au sens technique où nous l'employons ici, le terme confronter désigne l'opération par laquelle l'aidant injecte certaines de ses connaissances, perceptions ou expériences dans le champ de conscience de l'aidé, étant entendu que cette intervention a un effet bousculant sur ce dernier. (On verra au point 6 du chapitre 11 que l'aidant peut aussi injecter des éléments qui auront un effet rassurant sur l'aidé.)

CONFRONTATION ÉTHIQUE ET ACCEPTATION INCONDITIONNELLE

L'affirmation faite plus haut à l'effet qu'il existe des façons de faire qui sont «objectivement meilleures» que d'autres peut susciter un grand débat philosophique. Il faut effectivement manipuler ce type d'affirmation avec précaution, parce que nous sommes facilement portés à croire que nos façons de faire sont «objectivement meilleures» que celles du voisin.

Mais il reste que les psychologues pourraient démontrer, conséquences à l'appui, que le respect d'autrui entraîne des effets préférables aux effets du mépris ou de la brutalité, par exemple, que l'affection d'un parent pour un enfant est préférable au rejet de cet enfant, etc.

Au-delà du débat philosophique, la question est donc de savoir si l'aidant peut faire des confrontations de type éthique, et si oui, comment il peut les faire. Pensons par exemple à un aidant qui se retrouve devant une femme enceinte qui fume beaucoup et qui consomme beaucoup d'alcool. Supposons en plus que cet aidant possède des informations médicales à l'effet qu'un tel comportement augmente sensiblement les risques que l'enfant à naître soit affecté de problèmes physiques et affectifs, suite à ces abus.

Doit-il intervenir? Si oui, jusqu'où doit-il aller dans ses efforts pour «convaincre» son aidée? Et comment doit-il réagir si ces efforts se soldent par un échec?

Ces questions soulèvent le problème de l'acceptation inconditionnelle de l'aidé par l'aidant. Vouloir amener l'aidé à changer de comportement, n'est-ce pas cesser de l'accepter tel qu'il est?

En fait, l'acceptation inconditionnelle porte beaucoup moins sur le fait de vouloir ou non amener l'aidé à changer, que sur la réaction de l'aidant lorsque l'aidé ne change pas — ou pas assez rapidement - dans la direction souhaitée.

Si un aidé est anxieux, déprimé, ou manipulateur, tout aidant se sentira le devoir d'aider cette personne à devenir plus calme, plus vivante, ou plus capable d'exprimer directement ses besoins. Il serait en effet absurde de comprendre l'acceptation inconditionnelle comme le désir de laisser l'aidé à ses problèmes, sous prétexte de le prendre tel qu'il est!

Regardons de plus près le terme même d'acceptation. Le verbe «accepter» signifie d'une part «recevoir», et d'autre part, «donner son accord». En situation de relation d'aide, on a alors la signification suivante.

Niveau affectif: Recevoir, accueillir l'aidé tel qu'il se présente, en se disant que les gens sont comme ils sont.

Niveau cognitif: Donner son accord, croire que l'aidé fait ce qu'il peut, en se disant que les solutions auxquelles il recourt sont présentement les meilleures pour lui.

L'accord dont il est question ici porte davantage sur la personne de l'aidé que sur le caractère adéquat de son comportement, comme si l'aidant disait: «Je suis d'accord pour que tu survives avec les moyens du bord.» Rogers et Truax estiment à cet égard que cette façon de se situer face au comportement de l'aidé implique une attitude qui peut se formuler comme suit: «Si j'avais la même histoire et les mêmes expériences et si j'étais dans le même contexte, cela serait aussi inévitable pour moi que pour lui d'agir de cette façon.»[5] Précisons encore en disant que «l'acceptation d'un comportement même antisocial ou destructeur ne requiert pas l'acceptation de ce comportement de l'aidé comme désirable, mais seulement comme naturel, normal et attendu (expected) *étant donné les circonstances et les perceptions de l'aidé*»[6].

Cette dernière affirmation, à l'effet que l'aidé fait ce qu'il peut, est davantage problématique. Certains gestaltistes diront en effet: «Non, l'aidé ne fait pas ce qu'il peut; il trouve des solutions coûteuses, trompeuses, inadéquates, qu'il faut l'amener à changer pour des solutions plus adéquates». (Par exemple, exprimer clairement ses besoins et ses demandes plutôt que de manipuler son entourage). Alors que le présupposé était tantôt que l'aidé fait ce qu'il peut, les gestaltistes diraient qu'il peut faire plus que ce qu'il fait.

Quant aux adeptes de l'approche émotivo-rationnelle, ils diront pour leur part: «L'aidé se complique la vie avec des principes qu'il trouverait lui-même farfelus ou du moins erronés si on l'amenait à les regarder de près.» (Par exemple, ne jamais parler de soi à un inconnu, croire qu'on ne peut pas vivre sans amis, penser qu'on ne peut pas contredire quelqu'un en autorité). Alors que le présupposé de tantôt était que l'aidé fait ce qu'il peut, les émotivo-rationnels diraient qu'il peut faire plus qu'il ne se permet.

En y regardant de plus près, cependant, on s'apercevrait que cette divergence entre les rogériens d'une part et les gestaltistes et émotivo-rationnels de l'autre est moins grande qu'il ne paraît à prime abord. Un gestaltiste ou un émotivo-rationnel qui, en confrontant un aidé, se heurte à une forte résistance, retirera probablement la pression en se disant que l'aidé ne peut effectivement pas faire plus présentement, qu'il faudra l'aider d'abord à modifier sa dynamique personnelle avant de l'aider à modifier son comportement. En agissant ainsi, cet aidant pratiquerait l'acceptation inconditionnelle, en croyant que l'aidé fait ce qu'il peut, malgré le caractère dysfonctionnel de son comportement actuel. Ce qui rejoint directement la croyance rogérienne sous-jacente à l'acceptation inconditionnelle.

L'approche peut donc varier, mais l'attitude d'accueil demeure la même, l'aidant croyant qu'en définitive, l'aidé fait ce qu'il peut. C'est pourquoi Rogers préfère maintenant parler de «considération positive» pour la personne de l'aidé, de manière à éviter les malentendus soulevés par le terme d'«acceptation inconditionnelle». L'attitude de considération positive doit donc être toujours présente, alors que ce qui peut varier, ce sont les interventions de confrontation dont certains aidants s'abstiennent alors que d'autres les utilisent plus ou moins fréquemment.

PRÉSUPPOSÉS DE LA CONFRONTATION ÉTHIQUE

Lorsqu'un aidant pratique la confrontation de type éthique, il intervient à partir de l'un ou l'autre des présupposés suivants.

Premier présupposé: L'aidé a le droit d'être sensibilisé aux exigences des valeurs qu'il reconnaît pour siennes (par exemple, s'il dit qu'il respecte son conjoint ou qu'il croit à l'égalité des sexes).

Deuxième présupposé: L'aidé a le droit d'être exposé aux valeurs de l'aidant, aux perceptions qu'il peut avoir ou aux informations qu'il peut détenir, puisque ces éléments font partie des ressources de l'aidant au même titre que son habileté à faire de bons reflets, par exemple. De la sorte, plus l'aidant investit de ressources dans la relation, plus les interactions qui en résultent ont de chances d'être productives pour la stimulation du cheminement de l'aidé.

Troisième présupposé: Les personnes impliquées par l'agir de l'aidé (et qui ne sont pas toujours en position pour lui communiquer du feedback — ex: conjoint, enfants, employés, etc.) ont droit à ce que l'aidé soit éventuellement sensibilisé à la façon dont il les affecte.

Quatrième présupposé: On ne grandit pas toujours sans effort, et, pour franchir une étape qui va nous faire grandir, on a parfois besoin d'y être invité. Il est vrai qu'en confrontant trop ou trop vite, on peut faire monter inutilement l'anxiété de l'aidé et retarder ainsi ses prises de conscience. Mais ne pas confronter ou confronter trop peu risque en retour de priver l'aidé d'occasions de grandir, ce qu'il est précisément venu chercher auprès de l'aidant.

Le second présupposé formulé ici entre directement en conflit avec la compréhension courante de l'approche rogérienne. Voici comment un auteur résume la position rogérienne face aux valeurs de l'aidant. «La vie de l'aidant (...) est bâtie sur un certain nombre de valeurs. Celles-ci doivent demeurer extérieures au processus de relation d'aide, de manière à éviter le danger d'imposer à l'aidé les vues de l'aidant. Si on pouvait atteindre l'idéal, il y aurait une absence totale des valeurs de l'aidant.»[7]

La position de Rogers est que l'aidé a déjà en lui tous les éléments nécessaires pour faire les «bons» choix, et que la seule aide dont il a besoin est celle qui faciliterait l'exploration de ces éléments personnels[8].

On pourrait retenir deux choses de cette brève référence à la position rogérienne. D'une part, il est exact de dire — avec Rogers — qu'il peut facilement arriver que l'aidant impose à son insu ses valeurs à l'aidé, et que l'essentiel de la relation d'aide est de faciliter à l'aidé l'exploration de sa réalité personnelle.

D'autre part, la confrontation représente un moyen additionnel qui peut être utilisé occasionnellement, surtout dans les derniers stades de la démarche, justement pour faciliter l'exploration par l'aidé des différentes dimensions et des différents enjeux de sa réalité personnelle.

Revenons maintenant à la confrontation de type éthique, pour dire qu'elle doit toujours être centrée sur la progression de l'aidant. C'est pourquoi, face à une forte résistance de la part de l'aidé, l'aidant réagira comme un gestaltiste, pour déduire de cette résistance que l'aidé ne peut faire mieux qu'il ne fait présentement. Ce faisant, l'aidant demeure à l'intérieur des exigences de l'acceptation inconditionnelle, qui sont d'accueillir l'aidé dans son vécu et de croire que les solutions objectivement inadéquates auxquelles il recourt sont dans les circonstances les meilleures pour lui, compte tenu des limites de ses ressources personnelles présentement disponibles. (Rappelons au passage une possibilité mentionnée plus haut à l'effet qu'une résistance de l'aidé puisse aussi signifier que l'aidant est tout simplement passé à côté de la réalité de l'aidé.)

L'EXPLORATION ET LE CONTRÔLE

Ces réflexions nous amènent à distinguer entre une dynamique exploratoire et une dynamique de contrôle, pour décrire deux styles différents de confrontation. L'aidant peut dire par exemple: «Tu as deux divorces derrière toi et tu me dis que tu songes à recourir encore à cette solution dans ton conflit avec ta troisième épouse. Se pourrait-il qu'il y ait dans ton fonctionnement personnel quelque chose qui soit en cause dans l'échec de tes projets conjugaux?»

Dans cet exemple, l'aidant se situe dans une *dynamique exploratoire,* c'est-à-dire qu'il essaie d'aider son interlocuteur à découvrir le sens de son vécu. Il estime que la solution à laquelle celui-ci s'apprête à recourir n'est pas adéquate et qu'il peut faire mieux, et il lui communique cette impression dans le but de provoquer une prise de conscience de sa part.

Mais l'aidant pourrait aussi dire: «Je trouve que cette solution que tu envisages n'est pas acceptable ni pour tes valeurs, ni pour les miennes, ni pour ton épouse, ni pour tes enfants. Tu devrais y repenser sérieusement.» L'aidant se situerait alors dans une *dynamique de contrôle,* c'est-à-dire qu'il essaierait d'amener son interlocuteur à poser telle action plutôt que telle autre, en affirmant que la solution à laquelle l'aidé s'apprête à recourir est moralement inacceptable. Le schéma suivant illustre ces deux dynamiques.

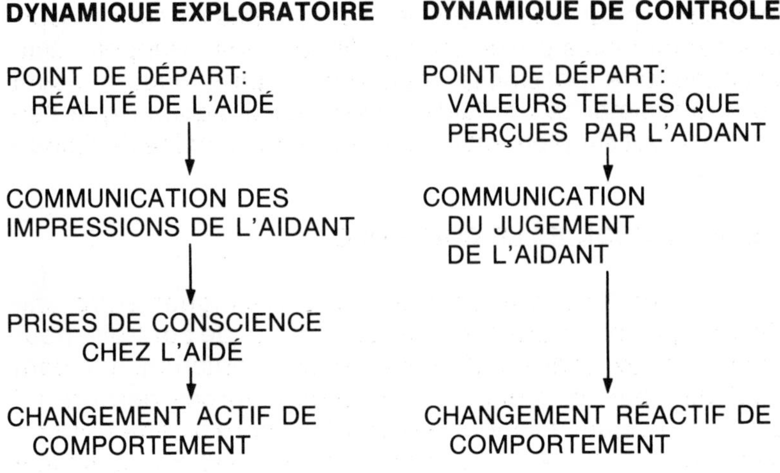

Figure 9: *Dynamique exploratoire et dynamique de contrôle*

Dans la dynamique de gauche, l'aidé prend éventuellement l'initiative des changements qu'il entrevoit lui-même comme désirables pour lui, alors que dans la dynamique de droite, l'aidé subit les changements qu'on lui prescrit comme désirables pour lui.

Précisons en passant que la dynamique de contrôle n'est pas mauvaise en soi. Une bonne part des apprentissages de base qui constituent l'éducation s'effectuent par contrôle (récompense et punition) et il en va de même dans l'ensemble de la vie sociale (législations civile et criminelle, par exemple). Mais il reste que cette dynamique apparaît différente de ce qui doit constituer la dynamique spécifique de la relation d'aide conçue non pas comme moulage, mais comme assistance à l'aidé dans l'exploration et la prise en charge de sa situation existentielle.

LES SOUS-BASSEMENTS AFFECTIFS DE LA CONFRONTATION

Remarquons également que cette alternative exploration-contrôle représente les deux façons de vivre l'aventure humaine elle-même.

Face à sa propre existence, on peut en effet se faire une idée préconçue de ce que l'on doit devenir, et se forcer ensuite pour réaliser ce programme (dynamique de contrôle). Mais on peut au contraire se détendre et laisser la vie elle-même nous révéler au fur et à mesure ce qu'elle nous réserve et ce qu'elle nous demande (dynamique exploratoire).

Cette attitude de base face à notre propre existence se trouve ensuite transposée dans nos attitudes face à autrui, que nous pouvons tenter de mouler selon nos propres idées, ou que nous pouvons aider à explorer et découvrir ce qui est bon pour lui.

Le psychologue Maslow affirme que cette seconde attitude est «la version scientifique du 'que ta volonté soit faite et non la mienne'», et il poursuit en disant: «Mes peurs et mes espoirs pour l'humanité, ma démangeaison de faire du bien, mon désir de paix et de fraternité, mon zèle normatif — je crois que tout cela est mieux servi si je demeure humblement ouvert à la vérité, objectif et désintéressé, refusant de préjuger de la vérité ou de jouer avec elle, et si je continue à croire que plus j'en sais, plus je deviens aidant.»[9]

Les psychologues Truax et Carkhuff citent pour leur part des recherches tendant à établir cette corrélation entre l'acceptation de soi et l'acceptation d'autrui, et ils écrivent: «Il se pourrait que notre capacité de ressentir la 'chaleur non-possessive' pour les sentiments et la personne de l'aidé dépende de notre capacité d'éprouver de l'acceptation inconditionnelle pour notre propre moi — une acceptation à la fois de ce qui est bon et mauvais en nous.»[10]

Les aidants qui découvriraient qu'ils sont fréquemment portés vers le contrôle de l'aidé plus que vers l'exploration acceptante, auraient donc intérêt à se faire accompagner eux-mêmes dans l'exploration de leurs propres sentiments face à eux-mêmes.

Il ressort de tout ce qui précède qu'il est possible de confronter un aidé avec respect et bienveillance, sans quitter la dynamique exploratoire, mais dans le souci de faciliter l'accès au réel, de provoquer des prises de conscience. Mais dès que l'aidant juge, qu'il exprime du rejet ou de la réprobation, il quitte la dynamique exploratoire pour entrer dans une dynamique de contrôle et de pression.

Dans la dynamique exploratoire, il y a un cycle progressif accueil-compréhension. Plus l'aidant accueille l'aidé, lui permettant d'être lui-même, plus il a de chances de le comprendre; et plus il comprend l'aidé, plus il lui devient facile de l'accueillir.

Dans la dynamique de contrôle, cependant, le cycle est régressif: plus l'aidant réprouve quelque chose chez l'aidé, plus celui-ci devient défensif. Et plus celui-ci devient défensif, moins l'aidant le comprend, et moins il le comprend, plus il est porté à le juger, c'est-à-dire à suppléer aux informations que l'aidé ne lui donne plus, par ses propres croyances, ses principes, ses expériences passées et ses peurs. Ce faisant, il place sur les épaules de l'aidé un poids supplémentaire, alors que son projet initial était de l'aider à déposer le poids que celui-ci portait déjà.

On peut penser que ces distinctions vont de soi pour des gens qui sont rompus à la relation d'aide. Mais c'est malheureusement loin d'être toujours le cas. Regardons de plus près une formule qu'on entend de temps à autre. «J'accepte l'exploiteur mais je rejette l'exploitation.» Je peux vouloir dire par là que l'exploitation est un type d'interaction sociale que j'estime inadéquat et contraire à l'éthique, bien que je comprenne en même temps les raisons qui peuvent amener quelqu'un à adopter un comportement d'exploiteur. En d'autres termes, comprendre les raisons qui amènent quelqu'un à poser un geste donné (fumer, jurer, nier son agressivité, séduire, etc.) ne m'oblige pas à admettre que ce geste représente la façon la plus adéquate d'agir.

L'utilisation d'une telle formule peut cependant nous alerter sur la dynamique affective de celui qui sent le besoin d'y recourir. Si je dis par exemple: «J'accepte l'homosexuel mais je rejette l'homosexualité», on peut parfois entendre: «Je ne peux pas me permettre de rejeter ouvertement une personne, surtout si je suis dans un rôle d'aidant. Mais l'homosexualité demeure quelque chose d'intrinsèquement mauvais que je me dois de dénoncer ouvertement, dans l'espoir que les homosexuels qui m'entendent renonceront à leur homosexualité.»

Il est facile de voir qu'on est ici dans une dynamique de contrôle: «J'ai besoin que les choses restent claires, et j'entends bien ne pas me laisser convaincre que l'homosexualité peut être une réalité acceptable.» Il est facile également de voir que se situer de cette façon-là, c'est s'empêcher de faire des prises de conscience sur l'homosexualité, et donc diminuer considérablement ses chances d'être authentiquement accueillant face à un aidé qui serait homosexuel.

Il y a donc une façon de confronter qui consiste à imposer un jugement moral, et donc qui se situe dans une dynamique de contrôle. Quelle que soit la subtilité de sa forme, cette confrontation équivaut toujours à un jugement de valeur: «Ce que tu fais ou t'apprêtes à faire est mauvais.» Partant, cette façon de confronter s'avère incompatible avec la logique de l'acceptation inconditionnelle. En effet, je ne peux pas dire en même temps «Je t'accepte tout entier, mais je refuse une partie de toi.»

Mais il y a également une façon de confronter qui se situe dans la dynamique exploratoire. Cette façon consiste non pas à formuler des *jugements,* mais à communiquer des *impressions,* des *malaises* ou des *questions.*

Exemple d'impression: «J'ai l'impression que tu te caches des choses à toi-même quand tu parles comme ça.» (vs: «Tu es en train de mentir.»)

Exemple de malaise: «Je ne me sens pas à l'aise quand tu prends un ton d'enfant pour m'expliquer pourquoi tu as sauté ta dernière entrevue.» (vs: «Tu as trente ans mais tu te conduis comme un enfant.»)

Exemple de question: «Tu me dis que tu t'arranges pour être à la maison le moins possible les fins de semaine parce que tu trouves les enfants trop bruyants. J'aimerais savoir comment ton épouse réagit à tes absences.» (vs: «Je trouve que tu manques à tes devoirs familiaux, que tu mets tout sur le dos de ta femme.»)

En résumé, rappelons-nous que l'objectif premier de la relation d'aide est de faciliter à l'aidé l'entrée en contact avec l'ensemble de sa réalité: émotions, besoins, conflits, aspirations, valeurs, attentes de ses proches, contraintes de l'environnement...

Pour ce faire, l'acceptation inconditionnelle ou considération positive et la confrontation de type exploratoire (communication sans pression de questions, impressions et malaises) apparaissent à la fois nécessaires et suffisantes, alors que la confrontation de type contrôle (pression et jugement de valeur) apparaît superflue et nuisible. Celle-ci peut s'avérer efficace à court terme au plan d'un changement provisoire de comportement, mais elle compromet l'acceptation inconditionnelle et à cause de cela, elle ne peut faire autrement que de paralyser le cheminement de l'aidé vers le cœur de son vécu et des appels que ce vécu recèle[11].

---

1. CARKHUFF, R., BERENSON, G., *Beyond Counseling and Therapy,* New York, Holt, Rinehart and Winston, 1967, p. 172.
2. HÉTU, J.-L., *Quelle Foi? Une rencontre entre l'évangile et la psychologie,* Montréal, Leméac, 1978, pp. 291-295.
3. CARKHUFF, BERENSON, *Beyond...,* p. 171.
4. CARKHUFF, BERENSON, *Beyond...,* p. 172.
5. Cités dans TRUAX, C., CARKHUFF, R., *Toward Effective Counseling and Psychotherapy: Training and Practice,* Chicago, Aldine, 1967, p. 315.
6. TRUAX, CARKHUFF, *Toward...,* p. 315.
7. BECK, C., *Philosophical Foundations of Guidance,* Englewood Cliffs, N.J., Prentice-Hall, 1964, p. 62.
8. ROGERS, C., *La relation d'aide et la psychothérapie,* Vol. 1, Paris, Éditions Sociales Françaises, 1970 (c. 1942), pp. 132-133.
9. MASLOW, a., *Motivation and Personality,* Second Edition, New York, Harper and Row, 1970 (c. 1954), p. XXV.
10. TRUAX, CARKHUFF, *Toward...,* p. 315.
11. Les lecteurs désireux de pousser plus loin leur réflexion sur ce thème pourront lire avec profit le chapitre 10 du volume de G. EGAN intitulé: *Interpersonal Living, A Skill-Contract Approach to Human-Relations Training in Groups,* Monterey, California, Brooks-Cole Publishing Company, 1976, pp. 172-199.

CHAPITRE 9

Le phénomène des résistances

Le concept de résistance est un concept central dans l'approche psychanalytique. Mais pour bien le saisir, il faut d'abord comprendre le concept de défenses, et celui d'anxiété. Plus une personne est anxieuse, en effet, plus elle se défend contre ce qui la menace, et plus elle résiste à faire des prises de conscience sur sa situation. Voyons de plus près.

Pour un freudien, le caractère d'un individu et son fonctionnement personnel résultent des stratégies utilisées dans le passé pour se défendre contre l'anxiété. Posture, attitudes, ton de voix, façon d'utiliser ou non son agressivité, etc., tout cela découle des «mécanismes» qui ont été un jour mis en branle pour éviter l'anxiété[1]. Quant à cette anxiété, elle origine à la fois des pressions internes: impulsions des désirs et des besoins, et des pressions externes: contraintes physiques et sociales.

Étant donné que l'anxiété peut se retrouver à des degrés d'intensité variable, on assistera alors aux deux phénomènes suivants: plus l'anxiété est faible, moins la personne a besoin de se défendre contre sa réalité interne et la réalité extérieure; inversement, plus l'anxiété est forte, plus la personne devra se défendre d'une façon rigide contre ces deux sources d'anxiété. À la limite, cette rigidité prendra la forme de symptômes, qu'Anna Freud définit comme «l'utilisation invariable d'une façon spécifique de se défendre, lorsque confronté à une pression instinctuelle particulière»[2]. Par exemple, à chaque fois qu'une personne est contrariée et que son agressivité monte, elle se protège contre celle-ci et se donne un mal de tête.

Il est probable que nous ne puissions pas vivre en étant continuellement ouverts à toutes les sollicitations qui émergent de notre organisme ou qui émanent de notre environnement. Notre énergie présentement disponible n'est pas illimitée, il faut souvent se centrer sur des tâches urgentes, etc. Bref, il faut filtrer, contrôler, se protéger un peu, de manière à s'assurer un minimum de stabilité et de cohérence personnelles.

C'est pourquoi les freudiens estiment d'une part qu'on ne peut pas vivre sans un minimum de défenses ou de contrôles[3], mais qu'on a par ailleurs intérêt à identifier les défenses qu'on utilise, à comprendre leur origine et leur rôle, de manière à acquérir un certain pouvoir sur elles et à les assouplir, voire à se défaire éventuellement d'un certain nombre d'entre elles.

Ces dernières précisions nous rapprochent de la relation d'aide, car les personnes qui viennent demander de l'aide sont souvent insatisfaites de certaines de leurs façons de fonctionner et désireuses de les changer. Et c'est ici que le phénomène de la résistance revêt toute son importance.

DÉFINITION SOMMAIRE DE LA RÉSISTANCE

Techniquement, la résistance désigne tous les moyens que l'aidé peut prendre pour éviter de ressentir et d'exprimer des sentiments, des souvenirs ou des idées qui le menacent, et donc pour éviter des prises de conscience douloureuses sur son vécu. Or, étant donné que la relation d'aide vise justement à favoriser ces prises de conscience, on doit s'attendre à ce qu'elle ait inévitablement pour effet d'activer les résistances de l'aidé.

Si l'on considère que l'aidé a besoin d'un minimum de défenses pour maintenir sa cohésion interne et qu'il doit en même temps les assouplir et en abandonner un certain nombre, on comprend que la relation d'aide soit un processus délicat exigeant un certain doigté de la part de l'aidant.

Anna Freud fait bien ressortir ce caractère problématique de la démarche thérapeutique lorsqu'elle écrit: «Dans la mesure où la prise de conscience des activités inconscientes du moi a pour effet de mettre à nu les mécanismes de défense et de les neutraliser, le résultat de l'analyse est d'affaiblir encore davantage le moi...»[4]

En d'autres termes, il ne suffit pas de montrer à l'aidé que ses mécanismes de défense sont inadéquats pour que celui-ci comprenne ce dont il s'agit et soit en mesure de changer — ce que Freud père avait réalisé bien avant sa fille[5]. Ceci rejoint le point de vue de Rogers à l'effet que des interprétations prématurées ne peuvent qu'ébranler inutilement l'aidé et retarder le processus thérapeutique[6].

Dans de telles situations, la résistance permet à l'aidé de se protéger contre ces prises de conscience prématurées, pour continuer à cheminer à son rythme.

Précisons toutefois que les résistances ne sont pas toutes à mettre au compte d'interprétation inexactes ou prématurées de la part de l'aidant. En effet, on a dit plus haut que déjà la décision même de venir en relation d'aide pour explorer son fonctionnement représentait une démarche menaçante pour l'aidé.

Résumons maintenant par un schéma l'ensemble des phénomènes évoqués jusqu'ici. *(voir Figure 10, p. 100)*

Remarquons en passant que les demandes d'aide ne sont pas toutes directement motivées par le désir d'examiner de plus près son fonctionnement personnel. Plusieurs sont provoquées par un événement extérieur ou du moins perçu comme tel par l'aidé: divorce, congédiement, échec scolaire, etc. Dès que le processus s'enclenche, cependant, l'aidé a tôt fait de se voir ramené à lui-même et à

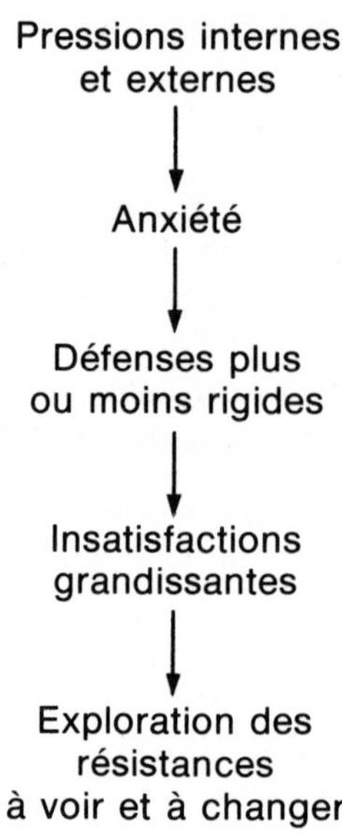

Figure 10: *Défenses et résistances dans la relation d'aide*

son fonctionnement, et c'est à ce moment que le processus de résistance se déploie.

Lorsque quelqu'un décide de s'avouer à lui-même qu'il ne fonctionne pas bien et qu'il va se faire aider pour regarder de plus près ce qui se passe, il fait une option en faveur de sa croissance personnelle.

À l'intérieur de la démarche de la relation d'aide, cette personne se retrouvera par la suite confrontée de multiples fois à la même alternative, à savoir: nier sa réalité difficile par peur de l'inconnu, ou s'ouvrir à l'inconnu, quitte à vivre de l'inconfort, de la peur et de la souffrance.

RÉSISTANCE ET CROISSANCE PERSONNELLE

C'est dans ce sens que certains auteurs interprètent les résistances de l'aidé comme une défense contre leur croissance personnelle, comme une résistance à être et à devenir. Le psychologue américain Jourard ne craint pas d'écrire ainsi: «On pourrait légitimement appeler les mécanismes de défense des mécanismes d'auto-aliénation ou des méthodes pour éviter la croissance, puisque telles sont leurs conséquences.»[7] May conçoit pour sa part la résistance comme «une manifestation de la tendance du patient à (...) renoncer au potentiel particulier, unique et original qui est le sien.»[8]

Sous le double éclairage de la psychanalyse et de l'existentialisme, on peut donc concevoir la résistance à la fois comme la préoccupation de ne pas avancer trop vite et de sauvegarder sa cohésion interne d'une part, et comme une invitation à réassumer la décision d'avancer dans sa croissance d'autre part. La résistance demande donc à la fois à être respectée et à être surmontée.

Ayant ainsi examiné la dynamique et l'enjeu de la résistance, nous sommes maintenant en mesure de regarder de plus près ce qui se passe dans le contexte de la relation d'aide. Nous verrons ainsi successivement les formes qu'elle peut prendre, les causes qui peuvent la susciter, et les façons dont l'aidant peut y réagir.

LES FORMES DE LA RÉSISTANCE

Concrètement, tout comportement de nature à retarder ou à diminuer l'implication de l'aidé peut être interprété comme une forme de résistance. «Oublier» l'entrevue, se sentir «bloqué», n'avoir rien à dire, intellectualiser, faire beaucoup d'humour, questionner l'aidant sur sa vie personnelle, raconter sa semaine en détail, avoir hâte que l'entrevue finisse, contredire systématiquement les interprétations avancées par l'aidant, vouloir interrompre les entrevues, se montrer sceptique face au profit retiré des rencontres, mettre la psychologie en question, attendre que l'aidant prenne les choses en main, bâiller ostensiblement, rendre les autres responsables de ses malheurs, etc.

LES CAUSES DE LA RÉSISTANCE

Si les formes que peut prendre la résistance sont multiples, les causes qui peuvent la susciter se révèlent elles aussi plus variées qu'il ne pourrait sembler à prime abord. Examinons-en les principales.

1. *L'atteinte à l'estime de soi.* Pour beaucoup de personnes, le simple fait de se retrouver devant quelqu'un d'autre pour lui demander de l'aide constitue un aveu d'impuissance, un constat d'échec. Cette situation est déjà en elle-même une atteinte à l'estime de soi, et peut donc engendrer une résistance. Les choses se passent comme si la personne disait: «Il y a une partie de moi qui n'est pas d'accord pour être ici, qui n'est pas prête à s'avouer incapable d'organiser sa vie par elle-même.»

2. *La fuite des appels intérieurs.* On entend fréquemment des gens dire: «Je sais ce que j'ai à faire, mais ça ne me tente pas.» Pour une résistance qui est reconnue, dix ou cinquante demeurent méconnues, par peur de devoir changer ou passer à l'action. Le psychologue Maslow appelle ce phénomène «le complexe de Jonas»[9], d'après le personnage biblique qui tentait de fuir ce qu'il sentait qu'il devait faire.

   Cette «évasion» de soi-même et du chemin qui est le sien à cause des complications redoutées, correspond à cette résistance existentielle qu'on a évoquée plus haut.

3. *La résistance à une erreur de l'aidant.* Il arrive qu'un aidant fasse fausse route dans une de ses interprétations, mais que l'aidé ne soit pas en mesure de lui montrer pourquoi, ni de trouver lui-même accès aux réalités qui sont en cause. Dans de tels cas, on comprend bien que la résistance de l'aidé se révèlera très adéquate, indépendamment des formes plus ou moins habiles qu'elle prendra pour s'exprimer[10].

4. *La réaction à une prise de conscience.* Rogers fait remarquer «qu'après que le client soit parvenu à une nouvelle perception particulièrement vitale, le psychologue doit s'attendre à observer une rechute momentanée»[11]. La raison en est qu'il est toujours plus ou moins pénible de prendre conscience de la façon dont on s'est défendu inconsciemment jusqu'ici. Cette réaction dépressive peut entraîner une certaine inertie, qui est cependant appelée à se résorber à mesure que l'aidé progressera dans l'intégration de sa prise de conscience.

5. *Le désir d'autonomie.* Dans un autre écrit, Rogers émet l'opinion que la baisse de l'implication de l'aidé et la résistance à l'aidant sont souvent le signe que l'aidé estime avoir effectué le cheminement qu'il avait à faire, et qu'il a cessé plus ou moins consciemment de percevoir la relation d'aide comme stimulante pour lui. Cette résistance peut être interprétée comme adéquate, dans la mesure où elle exprime le refus de l'aidé de demeurer dans une relation de dépendance dont il n'a plus besoin, et son désir de voler maintenant de ses propres ailes[12].

6. *Le besoin d'avancer à son rythme.* La résistance peut aussi être une protestation implicite de la part de l'aidé face à un aidant qui ne respecterait pas son rythme et voudrait l'entraîner vers des niveaux

d'exploration pour lesquels il ne se sentirait pas prêt. Le message communiqué à l'aidant est alors le suivant: «Vous me bousculez, vous piétinez des plates-bandes fragiles, vous appuyez sur des points sensibles. S'il-vous-plaît, respectez-moi.»

7. *Les fragilités personnelles de l'aidant.* Les conflits ou les peurs de l'aidant peuvent provoquer ou intensifier la résistance de l'aidé, surtout lorsqu'ils ne sont reconnus ni par l'un ni par l'autre. C'est ainsi qu'une jeune femme me parlait de son aidant qui «rougissait lorsque je lui parlais de mon vécu sexuel». Le message en cause ici était le suivant: «Ne me parle pas de ces choses troublantes.»

8. *La différence entre les besoins de l'aidé et le style de l'aidant.* Certains aidés qui ont besoin d'être accueillis et accompagnés délicatement se retrouvent avec un aidant plutôt porté à confronter. Inversement, d'autres aidés qui ont besoin d'être stimulés par un aidant confrontant se retrouvent avec un aidant surtout enclin à laisser ses aidés cheminer doucement. Il est facile de prévoir ici la résistance que cette situation fera surgir chez l'aidé.

Les développements qui précèdent nous indiquent donc qu'il serait téméraire d'interpréter toute résistance exprimée par l'aidé comme un refus de sa part de continuer d'aller de l'avant. De tels cas se présentent fréquemment, et l'aidant ne devrait pas se sentir personnellement responsable si son aidé lui donne l'impression de se traîner un peu les pieds au lieu de continuer à travailler en entrevue. Inversement, l'aidant ne devrait pas croire qu'il n'y est jamais pour rien dans les résistances de son aidé. Confronté aux résistances de son aidé, il devrait se garder toujours prêt à vérifier la validité et la pertinence de ses propres interventions, en relation avec les réactions de l'aidé.

Ces réflexions nous amènent donc à nuancer l'affirmation de Rogers à l'effet que «la résistance à la thérapie et au thérapeute n'est ni une phase inévitable ni une phase désirable de la psychothérapie, mais elle naît (...) des efforts maladroits du thérapeute pour accélérer le processus thérapeutique...»[13] L'aidant peut se tromper parce qu'il manque d'expérience et que de toute façon il opère avec une marge de risque. Mais même avec un aidant infaillible, la relation d'aide demeurerait pour l'aidé une aventure pénible, au moins par moments, et rares sont ceux qui assument toutes leurs souffrances sans jamais hésiter.

LES RÉACTIONS DE L'AIDANT

Il reste enfin à regarder comment l'aidant peut réagir lorsqu'il s'aperçoit que l'aidé manifeste une résistance. La question revêt une importance certaine, car l'intensité de la résistance et la façon dont elle évolue peuvent amener l'aidé soit à continuer sa démarche, soit à interrompre purement et simplement ses entrevues.

Brammer et Shostrom suggèrent un éventail de cinq réactions possibles de la part de l'aidant[14], que nous allons examiner brièvement.

1. *Noter mais ne pas intervenir.* La simple présence de résistances modérées ne devrait pas amener l'aidant à intervenir nécessairement. Celui-ci peut tout simplement enregistrer le fait que l'aidé est en train de contrôler son anxiété plutôt que d'ouvrir de nouvelles portes dans son exploration. Il peut également en profiter pour essayer de mieux comprendre le style personnel par lequel l'aidé a appris à se défendre, quitte à revenir plus tard sur ce fonctionnement.

2. *Réajustements mineurs.* À certains moments, les signes d'anxiété notés chez l'aidé peuvent amener l'aidant à faire des interventions légères. Dans ce cas, celles-ci visent non pas à réorienter le contenu de l'exploration, mais tout simplement à permettre

à cette exploration de se poursuivre en diminuant la pression de l'anxiété. L'aidant peut par exemple demander un éclaircissement sur un détail mentionné par l'aidé, ou au contraire apporter lui-même une information ou une illustration; si la situation s'y prête, il peut ouvrir une fenêtre (ou la fermer, peu importe!), faire une remarque humoristique qui ne soit pas au détriment de l'aidé, ou encore, exprimer un peu de support à l'endroit de celui-ci (ex.: «Je te comprends de trouver ça dur, mais je te sens capable de continuer.»)

3. *Diversion temporaire.* L'aidant peut parfois sentir que l'aidé est «au bout de ses défenses», et qu'il a du mal à reprendre pied. L'intervention indiquée dans ce cas consiste à dédramatiser la situation et à réorienter l'exploration vers un contenu moins menaçant. Par exemple, au lieu d'exprimer, par sa physionomie et sa posture, qu'il est très attentif parce qu'il croit qu'il se passe des choses significatives, l'aidant communiquera plutôt le message qu'il sent que l'aidé a fait ce qu'il a pu pour avancer sur cette question et qu'il pourrait y revenir à un autre moment. Au besoin, l'aidant pourra aussi utiliser certaines techniques de diversion plus active, du style évoqué en 2, si la situation s'y prête: revenir sur un contenu amené plus tôt, suggérer une lecture, etc.

4. *Interventions plus directes.* Avec des personnes que l'aidant juge davantage prêtes à prendre conscience de leurs résistances, l'aidant peut se faire plus direct. Il peut par exemple décrire à l'aidé les moyens que celui-ci utilise pour limiter son implication, et explorer directement ce phénomène avec lui.

   Lorsque l'aidant opte pour une telle intervention, il importe toutefois qu'il communique en même temps à l'aidé qu'il accepte ces résistances et que son objectif n'est pas de les faire disparaître mais uniquement de faciliter des prises de conscience à leur sujet.

Une deuxième intervention directe, quoique dans une toute autre direction celle-là, consiste à référer l'aidé à un autre aidant. L'aidant peut en effet se sentir démuni face à des résistances profondes et nécessitant un genre d'assistance qu'il ne se sent pas préparé à fournir. S'il ne peut pas obtenir de supervision, la référence à un aidant plus expérimenté pour ce type de démarche devient alors indiquée.

5. *Confrontation.* Enfin, à l'extrême du continuum, l'aidant peut décider de prendre le problème de front et demander à l'aidé de s'impliquer directement. Voici des exemples de ce type d'intervention: «Bon, ça devient clair que tu résistes beaucoup à parler de ta mère. J'aimerais savoir contre quoi tu te protèges au juste.» Ou encore: «À chaque fois qu'on a parlé de sexualité, vous avez réussi à changer de sujet. Pourriez-vous me dire ce qui vous fait peur là-dedans?»

   Une confrontation encore plus extrême serait la décision de l'aidant de suspendre les entrevues elle-mêmes, tant que l'aidé ne mettra pas fin à sa résistance. Un aidant qui travaillait avec une aidée qui résistait systématiquement par de longs silences, s'est levé au milieu de l'entrevue et l'a tout simplement mise à la porte, en lui disant de revenir quand elle serait prête à travailler. Cet aidant me confiait que cette intervention s'était traduite par une plus grande implication de l'aidée lors des entrevues suivantes.

   De telles interventions «à risques élevés» demeurent certes exceptionnelles, mais elle peuvent parfois être indiquées, par exemple quand un aidé utilise systématiquement sa résistance pour neutraliser à toutes fins utiles les ressources de l'aidant.

Voilà donc ce qui conclut notre examen du phénomène de la résistance. On peut concevoir le fait de réussir à affronter ses résistances non pas comme une simple difficulté de parcours, mais comme l'enjeu majeur de la relation d'aide.

Et à cet égard, il est bon de se rappeler qu'une victoire digne de ce nom ne se remporte souvent qu'au prix d'hésitations, de replis stratégiques, voire d'échecs partiels.

---

1. FREUD, A., *The Ego and the Mechanisms of Defense,* Revised Edition, International University Press, 1966, (c. 1936), p. 33.
2. FREUD, *The Ego...,* p. 34.
3. Certains freudiens utilisent équivalemment les termes de «défenses» et de «contrôles». C'est le cas par exemple de Fritz Redl et de David Wineman dans *The Agressive Child,* The Free Press, 1957 (c. 1951 et 1952), voir par exemple p. 512, ainsi que le chapitre 2.
4. FREUD, *The Ego...,* p. 65.
5. Voir LAPLANCHE, J., et PONTALIS, J-B., *The Language of Psychoanalysis,* New York, Norton, 1973 (c. 1967), article «Resistance», p. 395.
6. Voir ROGERS, C., *La relation d'aide et la psychothérapie,* Vol. I Paris, *Éditions Sociales Françaises*, 1970 (c. 1942), pp. 41 et 205.
7. JOURARD, S., *Personal Adjustment — an Approach through the Study of Healthy Personality,* Second Edition, London, Collier-Macmillan, 1963, (c. 1958), p. 198.
8. MAY, R., ANGEL, E., ELLENBERGER, H., *Existence,* New York, Basic Books, 1958, p. 79, cité par BRAMMER, L., SHOSTROM, E., *Therapeutic Psychology — Fundamentals of Actualization Counseling and Psychotherapy,* Second Edition, Englewood Cliffs, Prentice—Hall, 1968, p. 255.
9. MASLOW, A., *The Farthest Reaches of Human Nature,* New York, Penguin Books, 1976 (c. 1971), p. 34.
10. KELL, B., MUELLER, W., *Impact and Change: A Study of Counseling Relationships,* New York, Meredith Publishing Company, 1966, p. 58.
11. ROGERS, *La relation d'aide...,* Vol I, pp. 41 et 205.
12. ROGERS, C., Counseling with Returned Service Men, New York, Mc Graw, 1946, cité par BRAMMER, SHOSTROM, *Therapeutic Psychology-Fundamentals of Actualization Counseling and Psychotherapy,* Second Edition, Englewood Cliffs, Prentice — Hall, 1968, p. 260.
13. ROGERS, La relation d'aide..., Vol. I, p. 155.
14. BRAMMER, SHOSTROM, *Therapeutic Psychology...,* pp. 263-265.

CHAPITRE 10

Les étapes de la relation d'aide

Le modèle présenté plus haut visait à mettre en lumière les différents rôles de l'aidant. Nous allons maintenant nous centrer sur le cheminement de l'aidé tel qu'il est vécu dans la relation d'aide.

En m'inspirant de quelques psychologues américains[1], j'ai reconstitué un modèle qui articule cette fois les différentes étapes traversées par l'aidé à mesure qu'il avance dans le processus de la relation d'aide.

Avant d'en venir au modèle, arrêtons-nous brièvement à la toute première étape de la démarche. Le psychanalyste Jung caractérise cette étape comme celle de l'aveu, et il la décrit comme l'étape où la personne cesse de se défendre pour accepter ses faiblesses et décider de se centrer sur les réalités personnelles qu'elle a tenté de nier jusqu'ici[2].

Ce moment critique où la personne s'avoue à elle-même son impuissance à s'en sortir par ses propres moyens s'accompagne fréquemment d'intenses résistances. «J'ai un problème mais il n'est pas grave.» «J'ai un problème mais il est moins grave qu'avant.» «J'ai un problème, mais ça va s'arranger.» C'est l'étape des rendez-vous pris et annulés, des débats intenses entre garder son secret et avouer le poids de son problème. Une personne est même venue un jour glisser sous la porte de mon bureau une lettre m'expliquant pourquoi elle estimait ne pas devoir recourir à mes services pour le moment!

C'est ainsi que plusieurs projets de relation d'aide avortent dès cette première étape, neutralisés par l'anxiété que la perspective de l'aveu fait monter chez le sujet. La personne admet qu'elle a un problème, mais elle le nie en même temps ou peu de temps après.

Cette négation prend parfois des formes plus subtiles. Poussée par son anxiété, la personne verbalise pendant un certain temps, pour s'engager ensuite dans des solutions imprécises et prématurées. Cette démarche lui donne ainsi l'impression d'avoir «fait quelque chose», tout en lui permettant d'éviter l'anxiété d'un exploration plus approfondie. Dans un contexte de relation d'aide, on peut alors parler tout au plus de dépannage temporaire qui laisse le problème intact.

Ces quelques réflexions permettent déjà de voir la première phase de la relation d'aide comme une démarche descendante, dans laquelle la personne descend progressivement à la rencontre de sa réalité personnelle. Cette première phase sera ensuite suivie d'une phase ascendante dans laquelle la personne, ayant exploré et compris son fonctionnement, s'emploiera à préciser et à réaliser les changements désirés dans sa façon de vivre.

Nous sommes maintenant en mesure de représenter graphiquement l'enchaînement de ces étapes telles que vécues par l'aidé. *(voir Figure 11, p. 113)*

La colonne qui apparaît à gauche du modèle précise les différentes réalités en cause, par ordre de profondeur atteinte par la démarche. On constate que les deux premiers niveaux se caractérisent par le court-circuit qui permet à l'aidé potentiel d'éviter de s'impliquer et de retourner tout de suite à la réalité extérieure.

Quant à la relation d'aide proprement dite, elle se caractérise essentiellement par les prises de conscience faites par l'aidé par rapport à son fonctionnement personnel, ainsi que par les changements conséquents dans sa façon de se sentir et dans sa façon d'agir.

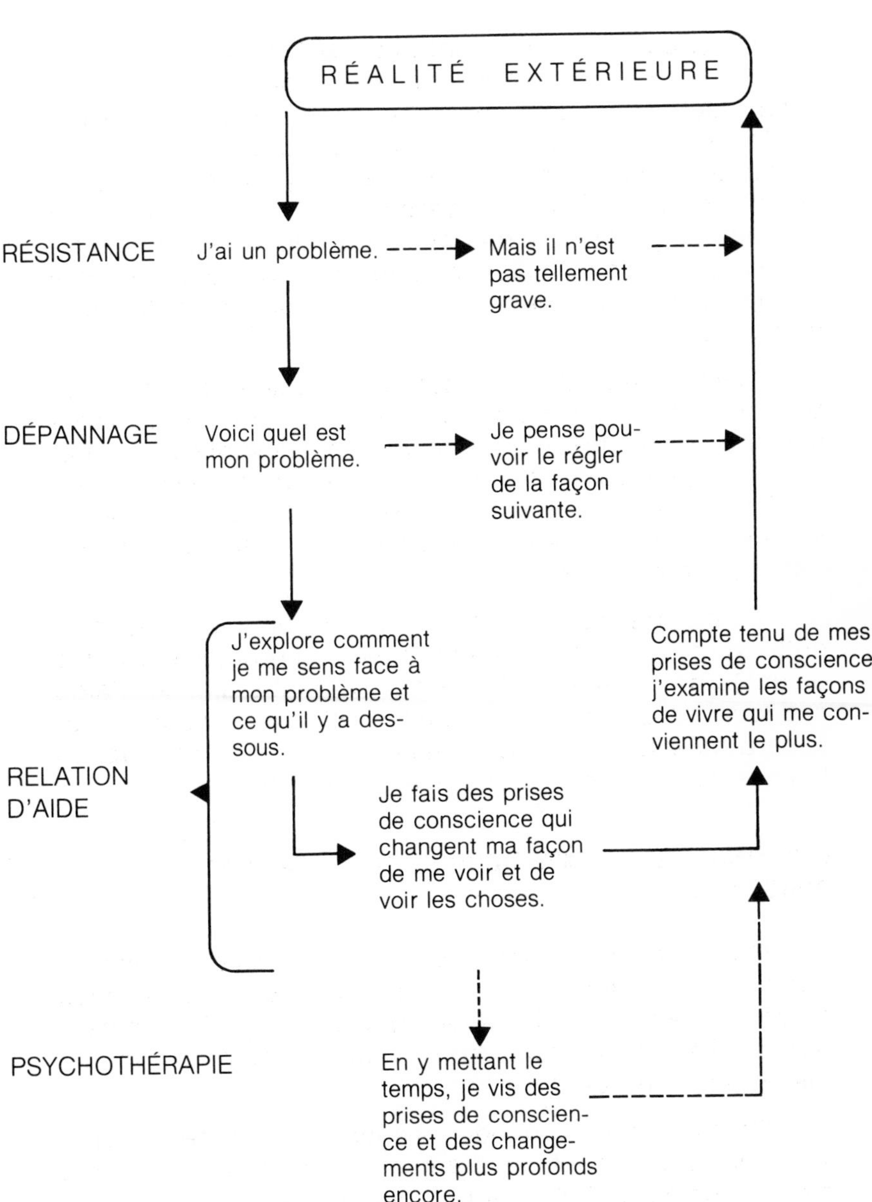

Figure 11: *Différents itinéraires possibles*

C'est en effet cette centration sur le fonctionnement personnel de l'aidé qui constitue le propre de la relation aidant-aidé, à la différence par exemple de la relation médecin-patient, avocat-client ou pasteur-fidèle. Dans ces dernières relations, la personne peut apprendre qu'elle est atteinte du cancer, que la partie adverse a entrepris telle procédure, que la Bible recommande telle ou telle conduite, et ces «prises de conscience» peuvent certes entraîner des changements sensibles dans le comportement de cette personne.

Mais le médecin, l'avocat ou le pasteur peuvent très bien ne pas se centrer spécifiquement sur le fonctionnement personnel de la personne qu'ils ont devant eux, auquel cas on ne peut parler de relation d'aide. Un spécialiste dans un domaine donné ne fait de la relation d'aide que lorsqu'il exerce sa spécialité en interaction avec la séquence exploration-prise de conscience-ajustement.

En d'autres termes, l'aidé n'avance vraiment que lorsqu'il est changé (pour le mieux!) par son problème. Un des objectifs de la relation d'aide est en effet d'amener l'aidé à découvrir que son problème n'est pas attribuable au hasard ou à la malchance, mais qu'il est la conséquence logique de sa façon actuelle de fonctionner.

CIRCONSTANCES EXTÉRIEURES ET PROBLÈMES PERSONNELS

On a vu au premier chapitre qu'il existe cependant des situations différentes, où la personne se sent anxieuse ou déprimée à cause d'événements qui n'ont effectivement pas de lien direct avec son fonctionnement personnel (deuil, accident, etc.).

Comme l'écrit Kennedy, ces événements perturbants «peuvent venir réactiver d'anciens conflits qui ont déjà été résolus ou partiellement résolus[3]». Par exemple, le fait de perdre un être cher amène telle personne à revivre des sentiments d'abandon éprouvés lorsque, étant petite, elle s'est vue séparée de sa mère par une hospitalisation, et à adopter alors un comportement régressif.

Dans un tel cas, l'aidant se retrouve devant l'alternative suivante: ou bien ignorer le fait que le comportement actuel de l'aidé est inadéquat, et se limiter à offrir un support passager, ou bien profiter de l'occasion pour amener l'aidé à explorer le caractère inadéquat de son fonctionnement, et les raisons de celui-ci.

Ce dernier choix a cependant pour effet de faire peser sur les épaules de l'aidé un poids additionnel, qui pourrait se traduire ainsi: «Au moment où il m'arrive un coup dur, je découvre en plus que j'ai des problèmes personnels.»

C'est pourquoi les psychologues Truax et Carkhuff mettent en garde les aidants qui veulent amener tous leurs aidés à s'engager dans l'exploration de leur fonctionnement personnel: «La psychothérapie n'est pas une panacée. Il y a des cas où la persuasion, la suggestion et l'encouragement (nous disions plus haut: le support passager) s'avèrent plus thérapeutiques que la psychothérapie ou la relation d'aide centrée sur l'exploration de soi.»

À cause justement de ce poids additionnel placé sur l'aidé par ce contact mal à propos avec ses limites personnelles, les auteurs poursuivent en disant qu'il y a des cas où «la dépression après l'accouchement, la dépression ou la désorganisation consécutive à une crise familiale, le décès d'un proche (...) se trouvent aggravés plutôt qu'aidés par l'approche habituelle de la psychothérapie ou de la relation d'aide[4]».

En résumé, face à un aidé qui se trouve affecté par un événement extérieur, l'aidant peut se poser les deux questions suivantes: d'abord, cette personne a-t-elle accès aux ressources personnelles qui lui permettraient d'utiliser cette crise pour se découvrir davantage et donc pour grandir, et ensuite, dans l'affirmative, désire-t-elle s'engager effectivement dans cette démarche?

Advenant une réponse négative à l'une ou l'autre de ces questions, l'objectif de l'aidant devient alors d'aider cette personne à «retomber sur ses pieds» le plus rapidement et à moins de frais possible, à l'aide d'un support passager.

Kennedy fait remarquer à cet égard que le propre d'une crise est d'être désorganisante, de venir paralyser la capacité habituelle du sujet d'utiliser ses ressources d'une façon efficace[5]. Dans cette situation d'urgence, l'aidant peut donc se permettre d'être beaucoup plus actif qu'il ne le serait dans une démarche d'exploration plus lente, suggérer tel geste à poser, faire lui-même tel ou tel contact, en plus bien sûr de toutes les interventions de support que nous verrons au dernier chapitre.

Si l'on se reporte au modèle ci-haut, on doit maintenant préciser que la catégorie «dépannage» ne contient pas uniquement des cas de résistance, mais qu'elle englobe également des situations de «support passager suite à un événement perturbant».

Poursuivons maintenant l'exploration du modèle. Celui-ci opère une nette distinction entre l'étape de l'exploration et celle de la prise de conscience, car il s'agit effectivement de deux réalités distinctes. Certaines explorations pourtant menées de bonne foi peuvent s'avérer fort laborieuses et ne déboucher sur des prises de conscience libératrices qu'au terme d'un long cheminement. Des personnes qui ont vécu coupées d'elles-mêmes durant de longues années et qui décident de se confronter à elles-mêmes en relation d'aide se retrouvent parfois face à un étranger qui aurait en plus des problèmes d'audition et des problèmes d'expression.

Dans un tel contexte, le réapprivoisement et la réconciliation demandent inévitablement beaucoup de patience et de détermination. Avant que ce processus ait suffisamment progressé, la personne voit des choses sans les comprendre, ou elle a l'impression de les comprendre mais elle se sent incapable d'utiliser cette compréhension pour changer.

C'est pourquoi l'étape suivante inaugure un nouveau type d'expérience dans la démarche d'aide. La personne comprend tout à coup pourquoi elle a jusqu'ici éprouvé telle peur, ressenti tel besoin, manifesté tel blocage, etc.

Elle réalise tout à coup ce qui se passait, et cette découverte entraîne une réorganisation plus ou moins spontanée de sa perception d'elle-même, de ses proches, et des objectifs qui lui tiennent maintenant à cœur.

Cette étape des prises de conscience est constitutive de la relation d'aide car elle démarque les personnes qui ont besoin d'aide de celles qui n'en ont pas besoin. La personne qui est en mesure de «négocier» par elle-même ses crises de croissance présente en effet deux caractéristiques. D'une part, elle a accès aux données de sa situation (contact avec ses émotions et perception valide de la réalité extérieure), et d'autre part, elle est capable d'agir sur la base de ces données.

Quant à la seconde personne, elle n'est pas consciente de certaines données (manque de contact avec ses émotions ou perception inexacte de la réalité extérieure), ou encore elle s'avère incapable d'utiliser ces données pour orienter son comportement.

Le but ultime de la relation d'aide est donc de restaurer ce contact de la personne avec elle-même et avec sa situation, et de lui permettre d'utiliser ce contact pour comprendre et réajuster son fonctionnement.

L'ENCHAINEMENT DES TROIS PHASES

Revenons maintenant au modèle, dans le but d'établir des liens entre les différentes phases ou étapes du processus d'une part, et les interactions de l'aidant de l'autre. Nous avons donc trois phases, à savoir:

— la phase descendante ou phase d'exploration;
— la phase intermédiaire ou phase de prise de conscience ou de compréhension;
— la phase ascendante ou phase d'ajustement.

Ce dernier terme ne désigne pas l'ajustement de l'aidé aux valeurs et aux normes de son milieu, comme si la relation d'aide visait à fabriquer des conformistes.

Ce qui est plutôt en cause ici, c'est la démarche par laquelle l'aidé ajuste ou modifie son comportement en fonction des prises de conscience qu'il a faites sur lui-même, sur son histoire personnelle et sur son environnement. Ainsi compris, ce processus joue dans les deux sens, l'individu changeant d'une part son agir en fonction de ses prises de conscience, mais élaborant d'autre part des stratégies pour modifier son environnement en fonction de ces mêmes prises de conscience. Nous avons ainsi la figure suivante:

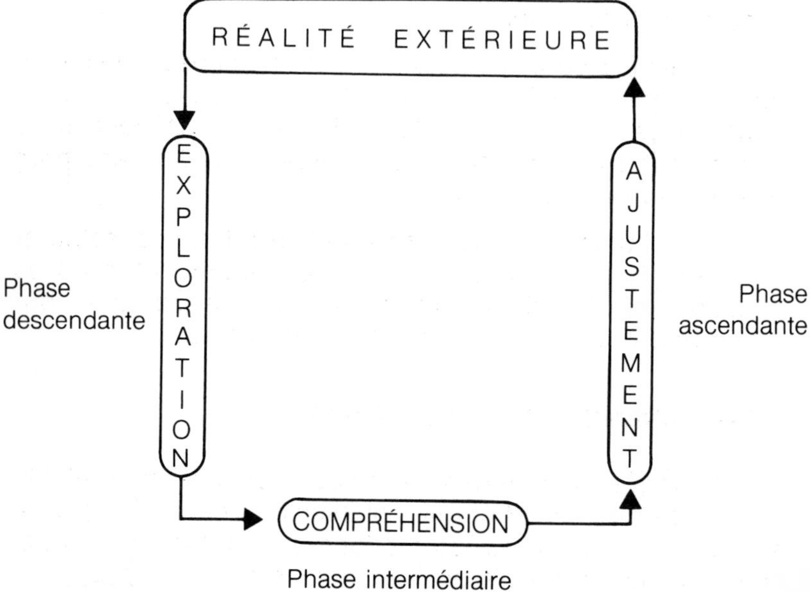

Figure 12: *Un schéma simplifié de la relation d'aide*

À l'aide de ce petit schéma, nous sommes maintenant en mesure d'identifier brièvement les rôles dominants de l'aidant à chacune des phases du processus de la relation d'aide.

Dans la phase *descendante,* le but de la relation d'aide est d'explorer d'une part la nature du problème en cause, mais plus globalement encore, d'explorer la perception que l'aidé se fait de lui-même et de son environnement.

C'est donc ici le lien par excellence du décodage empathique et de l'amplification de ce qui est vécu et exprimé par l'aidé.

Dans la phase *intermédiaire,* l'accent est mis sur la compréhension par l'aidé de ce qu'il a exploré à la phase précédente. L'aidant intervient ici de quatre façons principales. D'abord en amplifiant le vécu de l'aidé non plus en surface mais à des niveaux plus profonds. Ensuite, en injectant des interprétations de ce vécu, et au besoin, en confrontant l'aidé sur un point ou l'autre de sa réalité. Enfin, en stimulant la réflexion de l'aidé soit par la révélation de ses propres sentiments ou impressions face à l'aidé, soit par le partage de son expérience passée en relation avec ce qui est vécu par l'aidé.

Dans la phase *ascendante* enfin, l'aidé apprend à ajuster son agir à partir de ce qu'il éprouve comme bon pour lui, plutôt qu'en fonction de son éducation, des attentes de ses proches, ou des stratégies appauvrissantes qu'il a utilisées jusqu'ici (séduction, manipulation, domination ou effacement, etc.).

Cet apprentissage implique fréquemment des démarches de solution de problème: «Que dois-je faire dans telle situation précise?», «Comment m'y prendre pour réussir tel objectif (dire non à telle personne, m'impliquer face à telle autre, choisir entre telle alternative, etc.)?»

Lors de cette étape, l'aidant sera davantage utile en amenant l'aidé à se focaliser sur la situation en cause (par des techniques que nous verrons au chapitre 11), et en le confrontant au besoin: «Je vois que tu as encore peur de lui mais en même temps tu es décidé à lui annoncer ta démission?»; «Tu parlais il y a deux semaines d'exprimer ton attrait pour telle personne; où en es-tu face à ceci?»

Concernant la démarche de prise de décision qui est souvent vécue à la troisième étape de la relation d'aide, un phénomène mérite d'être mentionné ici. Le modèle des étapes de la relation d'aide présente quatre niveaux différents à partir desquels le sujet peut effectuer son «retour» à la réalité extérieure, soit les niveaux de la résistance, du dépannage, de la relation d'aide et de la psychothérapie.

Face à cette variation de profondeur, on peut formuler les deux propositions suivantes.

1. Plus la personne demeure à la surface d'elle-même, plus les solutions qu'elle trouve et les décisions qu'elle prend ont de chances d'être inadéquates.

Cette proposition se comprend d'elle-même: moins la personne prend contact avec sa réalité interne et externe, moins elle dispose de données pour éclairer ses choix. Ceux-ci sont posés soit arbitrairement ou à partir de considérations non-signifiantes, soit impulsivement, c'est-à-dire à partir d'émotions non reconnues (peur, désir de briller, vengeance, etc.), soit encore d'une façon rigide, à partir de principes abstraits (il faut faire son devoir, la prudence avant tout, il ne faut pas décevoir ceux qui ont confiance en nous, etc.).

2. Plus la personne se met à l'écoute de sa réalité propre, plus elle a de chances de découvrir la solution qui est la meilleure pour elle dans les circonstances.

À la limite, on peut même affirmer que cette solution est unique, et qu'elle s'impose d'elle-même. Pour qui a mené sa recherche avec suffisamment de détermination et de patience, les choses finissent souvent par se clarifier.

Les nombreux carrefours apparents deviennent alors des chemins de traverse qui s'effacent devant la route droite qui s'ouvre devant lui. Il ne reste plus qu'à enregistrer le fait et à s'apprivoiser au fait qu'il faut maintenant s'avancer[6].

Rappelons en terminant que contrairement à ce que pourraient laisser croire les titres du modèle, le phénomène de la résistance ne se limite pas au premier niveau de la phase descendante. Comme on l'a vu au chapitre 9, c'est tout au long de son cheminement que l'aidé peut être tenté d'arrêter sa descente à la rencontre de lui-même et de court-circuiter le processus pour remonter prématurément.

---

1. BRAMMER, L., SHOSTROM, E., *Therapeutic Psychology: Fundamentals of Actualization Counseling and Psychotherapy,* Second Edition, Englewood Cliffs, Prentice-Hall, 1968, pp. 102-130.
   CARKHUFF, R., *Helping and Human Relations,* Vol. II, New York, Holt, Rinehart and Winston, 1969, pp. 81-102.
2. JUNG, C., *Modern Man in Search of a Soul,* New York, Harcourt, Brace & World, C. 1933, pp. 34-35.
3. KENNEDY, E., *Crisis Counseling, The Essential Guide for Nonprofessional Counselors,* New York, Continuum, 1981, p. 6.
4. TRUAX, C., CARKHUFF, R., *Toward Effective Counseling and Psychotherapy: Training and Practice,* Chicago, Adline, 1967, pp. 365-366.
5. KENNEDY, *Crisis...,* p. 2.
6. Voir CARKHUFF, R., *Helping...,* Vol. II, p. 58, et

   HÉTU, J.-L., *Croissance humaine et Instinct spirituel,* Montréal, Leméac, 1980, pp. 151ss.

CHAPITRE 11

Un répertoire des interventions

Le modèle de la relation d'aide que nous avons examiné aux chapitres 2 et 4 comportait cinq éléments de base, à savoir:

— la caisse de résonance empathique;
— le réservoir de connaissances en psychologie;
— le réservoir de connaissances spécialisées;
— la caisse de résonance personnelle;
— le réservoir personnel.

Au terme de leur volume sur la relation d'aide, les psychologues Truax et Carkhuff mettent bien en lumière la fonction de ces éléments du modèle en relation avec les différentes interventions de l'aidant[1].

Selon eux, l'aidant «doit d'abord discerner quel est le noyau de sentiments ou de signification des communications de l'aidé», ce qui correspond à notre décodage à partir de la caisse de résonance empathique.

L'aidant doit ensuite distinguer entre les contenus qui sont signifiants et ceux qui émanent de la façade ou des manœuvres défensives de l'aidé. Cette opération implique un va-et-vient entre le décodage objectif («qu'en est-il habituellement d'une personne qui manifeste tel comportement?») et le décodage empathique («qu'est-ce que cet aidé-ci vit, dans le contexte de son propre univers psychique, lorsqu'il manifeste le comportement en question?»).

L'aidant doit par la suite décider quand intervenir, et en réponse à quoi. Pour éclairer cette décision, l'aidant dispose:

— «de son expérience personnelle en relation avec l'existence humaine», ce qui correspond à notre réservoir personnel;
— «de la conscience de ses propres sentiments, réactions et expériences», ce qui correspond à notre caisse de résonance personnelle;
— «des connaissances cliniques et théoriques portant sur le comportement, les émotions et la motivation...», ce qui correspond à notre réservoir de connaissances en psychologie.

Nous avons ajouté quant à nous le réservoir de connaissances professionnelles, qui permet à un aidant spécialisé dans une autre discipline d'utiliser ces ressources supplémentaires pour ses interventions.

Ce bref rappel du modèle permet déjà de situer globalement la fonction des principaux types d'intervention de l'aidant. Il nous reste maintenant à en faire une énumération plus systématique, que nous ponctuerons de clarifications théoriques et de considérations pratiques.

CARACTÉRISTIQUES DE LA PERSONNE EN SANTÉ

Dans le but de conférer une ossature à cette présentation-synthèse, partons de la proposition du psychologue Carkhuff à l'effet que la personne qui fonctionne adéquatement présente cinq caractéristiques de base, et que plus ces traits sont présents, plus la personne est efficace dans l'aide qu'elle apporte.

Cette personne est:

1 — Empathique;
2 — Respectueuse;
3 — Authentique;
4 — Concrète et centrée sur le présent;
5 — Confrontante[2].

Cette description reprend dans ses trois premiers traits les trois dispositions typiques de l'approche rogérienne de la relation d'aide, à savoir: l'empathie, l'acceptation inconditionnelle et la congruence[3].

En ce qui a trait au fait d'être concret et centré sur le présent, ces caractéristiques rejoignent directement les observations de Rogers sur la personne au fonctionnement optimal, laquelle est ouverte à son expérience du moment, centrée sur les données immédiates de la situation[4].

Quant à la caractéristique «confrontante», enfin, nous verrons plus bas qu'elle découle en droite ligne des attitudes 2, 3 et 4.

Venons-en maintenant à l'énumération des types d'intervention, en relation avec chacune des cinq caractéristiques de la personne adéquate — en l'occurrence, de l'*aidant* adéquat.

1. Les interventions de l'aidant empathique.

Un aidant empathique est une personne qui, étant suffisamment dégagée de ses besoins et de ses préoccupations personnels, se trouve en mesure de quitter provisoirement son cadre de référence propre pour s'immerger dans celui de l'aidé.

On peut distinguer deux techniques associées à l'empathie:

1.1 Le *reflet simple,* qui est une reprise brève et évocatrice
- du sentiment communiqué verbalement ou non par l'aidé: «Ça te rend triste de parler d'elle»;
- du contenu verbal exprimé par l'aidé: «Bref, quand tu es déçu, tu es porté à te retirer».

1.2 Le *reflet-élucidation,* qui porte sur «des sentiments et des attitudes qui ne découlent pas directement des paroles du sujet, mais qui peuvent raisonnablement être déduits de la communication ou de son contexte»[5]. Exemple: «Je te sens un peu réticent à parler de ça, est-ce que je me trompe?»

Alors que le reflet simple se situe au niveau de ce qui est communiqué par l'aidé, le reflet-élucidation vise à entraîner l'aidé vers des niveaux de son vécu plus profonds que ce qui est communiqué directement, mais sans sortir toutefois du champ de conscience qui est présentement accessible à cet aidé.

Nous verrons en appendice une échelle des interventions centrées sur la compréhension empathique.

2. Les interventions de l'aidant respectueux.

Carkhuff distingue entre la composante passive et la composante active du respect[6]. La composante passive est plus courante, et elle se traduit par l'acceptation chaleureuse de l'aidé dans sa réalité présente.

L'aidant communique à l'aidé cette dimension du respect lorsqu'il utilise avec soin les techniques de reflet. Le message qui se trouve alors implicitement communiqué équivaut en effet à ceci: «Je te respecte assez pour essayer de comprendre exactement ce que tu vis.»

Quant à la composante active du respect, elle consiste en partie dans la détermination de la part de l'aidant à être complètement lui-même en présence de l'aidé. En ce sens, respecter vraiment quelqu'un, c'est refuser d'être moins que ce que l'on peut être en sa présence. Le respect débouche alors sur l'authenticité, sur laquelle nous reviendrons plus bas.

Mais la composante active du respect consiste également à refuser que l'aidé soit moins que ce qu'il peut être. C'est pourquoi un aidant vraiment respectueux devra se révéler à l'occasion confrontant à l'endroit de l'aidé. Nous reviendrons sur cette cinquième caractéristique.

Nous verrons en appendice une échelle des interventions centrées sur le respect de l'aidé.

3. Les interventions de l'aidant concret et centré sur le présent.

L'aidant dont le fonctionnement est optimal n'est pas embourbé dans ses peurs et ses conflits. Il n'a donc pas besoin de se protéger contre la réalité en fonctionnant à un niveau abstrait et impersonnel. Il appelle un chat un chat, utilise des verbes à la première personne de l'indicatif présent lorsqu'il veut exprimer une réalité qui le concerne, et utilise des verbes à la deuxième personne de l'indicatif présent lorsqu'il parle de son interlocuteur.

Le contraire de ce fonctionnement consiste à cacher le «je» et le «tu» derrière le «on» et «les gens», et à utiliser le passé, le futur et le conditionnel plutôt que de parler à l'indicatif présent.

Cette caractéristique est reliée aux deux suivantes (l'aidant authentique et l'aidant confrontant), et elle est aussi reliée aux techniques suivantes:

3.1 La *focalisation,* qui est utilisée lorsque l'aidé est abstrait et décroché du présent, afin de l'amener à se centrer sur ce qui est important pour lui au moment présent. Brammer donne les exemples suivants de cette technique: «Comment te sens-tu quand tu parles comme ça?»; «Quel mot prendrais-tu pour résumer ce que tu as dit depuis cinq minutes?»

Brammer suggère également de choisir soi-même un mot et de le répéter sous forme interrogative:

«Frustrant?»; «Déçu?» ou encore, de centrer l'exploration à l'aide d'une brève question: «Mais?», «Et puis?»...[7].

3.2 Le *résumé* reprend brièvement l'ensemble des thèmes abordés et des émotions associées à ces thèmes, permet à l'aidé de se resituer par rapport au chemin parcouru. Cette intervention a pour effet de désemcombrer le paysage et permet ainsi à l'aidé de se centrer maintenant sur ce qui lui apparaît présentement le plus pertinent dans ce paysage.

Nous verrons en appendice une échelle des interventions centrées sur le caractère spécifique et immédiat de la communication.

4. Les interventions de l'aidant authentique.

En termes descriptifs, l'authenticité ou congruence consiste dans la correspondance entre ce que le sujet éprouve intérieurement, la conscience qu'il a de ce vécu, et l'expression de ce vécu conscientisé dans son comportement[8].

Le chapitre intitulé «*L'implication de l'aidant*» a permis de voir combien cette caractéristique de la personnalité de l'aidant est centrale, en ce qu'elle favorise l'apprentissage de l'authenticité par l'aidé, ce qui constitue en fait la visée ultime de la relation d'aide.

Rogers écrit: «Je suis raisonnablement congruent lorsqu'aucun de mes sentiments reliés à la relation ne demeure caché ni à moi-même, ni à l'autre personne.» Ce faisant, il formule ainsi l'enjeu de l'authenticité: «Puis-je être assez expressif comme personne pour que ce que je suis soit communiqué d'une façon non ambiguë?»[9]

On peut comprendre d'une façon restrictive l'expression «sentiments reliés à la relation». À ce moment, l'aidant utilisera le type d'intervention suivant:

4.1 *Communication* à l'aidé *des sentiments ou impressions* personnels vécus dans le moment présent, à condition bien sûr que cette communication soit de nature à favoriser la démarche de l'aidé. Ne pas exprimer un sentiment qui accablerait davantage autrui n'est évidemment pas un manque d'authenticité, mais un geste de délicatesse et de respect.

Mais on peut également comprendre dans son sens large l'expression «sentiments reliés à la relation». C'est le cas notamment de Carkhuff, qui écrit que «dans la relation d'aide efficace, il y a un mouvement continuel en direction d'une relation hautement authentique, 'interactionnelle', (...) égalitaire et complètement ouverte au partage»[10].

Dans ce contexte, l'aidant se permettra de recourir à l'occasion au type d'intervention suivant:

4.2 *Communication* à l'aidé *d'expériences personnelles* vécues dans le passé mais susceptibles de permettre à celui-ci de mieux saisir le sens de son expérience présente.

Pour reprendre le langage du modèle de la relation d'aide présenté plus haut, nous avons en 4.1 une injection à partir de la caisse de résonance personnelle de l'aidant, et en 4.2, une injection à partir de son réservoir personnel.

Nous verrons en appendice une échelle des interventions centrées sur l'implication personnelle de l'aidant.

5. Les interventions de l'aidant confrontant.

Avant d'être une technique, la confrontation sert à décrire une dimension importante de la personne optimale. Cette caractéristique découle en fait des trois précédentes. Parce qu'elle est authentique, la personne optimale exprime à autrui ce que celui-ci lui fait vivre. Parce qu'elle est concrète et centrée sur le présent, la personne optimale renvoie exactement à son interlocuteur ce qu'elle perçoit chez lui. Enfin, parce qu'elle est respectueuse d'elle-même et d'autrui, la personne optimale se fait un devoir d'être elle-même face à autrui, et s'attend en retour à ce qu'autrui soit lui-même face à elle.

La technique rattachée à cette cinquième caractéristique est la confrontation, c'est-à-dire l'intervention qui a pour effet de mettre directement l'aidé en face d'une réalité qu'il n'a pas considérée jusqu'ici, et qui peut avoir un effet bousculant sur lui.

5.1 La *confrontation-injection* peut provenir soit du réservoir de connaissances en psychologie de l'aidant (essentiellement sous forme d'interprétations), soit de son réservoir de connaissances spécialisées (diagnostic médical, informations sur l'éthique religieuse, etc.), soit de la caisse de résonance personnelle de l'aidant (comment il se sent face à l'aidé ou face à la relation), soit enfin du réservoir d'expériences personnelles de l'aidant (ce que son expérience passée peut avoir à dire à l'aidé sur le vécu actuel de celui-ci).

5.2 *La confrontation-amplification* survient lorsque l'aidant met l'aidé en face de réalités qui appartiennent à son champ de conscience et qui ont été évoquées implicitement par l'aidé, mais sans avoir été regardées en face par celui-ci. Techniquement, ce type d'intervention correspond en fait à une élucidation, mais à une élucidation qui, de par la profondeur du matériel qu'elle ramène à la surface, revêt un caractère nettement bousculant pour l'aidé.

Qu'elle se fasse par injection ou par une forte amplification, la confrontation est donc toujours susceptible d'ébranler plus ou moins l'aidé par son impact. C'est pourquoi elle doit respecter certaines conditions, notamment d'être proportionnée à la réceptivité actuelle de l'aidé, d'être exploratoire et progressive, et finalement d'être descriptive et spécifique plutôt qu'évaluative et globale[11].

Ceci termine la description des techniques reliées aux cinq caractéristiques de l'aidant optimal tel que présenté par Carkhuff. Pour compléter cet inventaire, il reste à mentionner quatre ou cinq techniques additionnelles appartenant elles aussi au répertoire de l'aidant.

6. Les interventions de support.

Le *support* vise essentiellement deux objectifs, soit de faire baisser l'anxiété de l'aidé lorsque celle-ci est trop haute pour que l'entrevue continue d'être profitable, soit de donner à l'aidé un «remontant» lorsqu'il traverse une phase dépressive qui freinerait elle aussi son cheminement.

Le support ne doit cependant pas être confondu avec des encouragements faciles qui ont souvent par ailleurs des effets négatifs sur la relation. Dire à un aidé anxieux que son problème «n'est pas grave», c'est lui communiquer en même temps qu'il y a quelque chose en lui qui ne tourne pas rond, pour qu'un problème mineur le mette dans un tel état!

C'est pourquoi les rogériens, qui sont pourtant partisans d'une approche «douce» en relation d'aide, recommandent d'être très avares en encouragements. Kinget estime ainsi que la meilleure façon d'élever le niveau de sécurité de l'aidé (et donc de faire baisser son anxiété), c'est de lui faire sentir qu'il peut compter sur les ressources d'un aidant compétent. Pareillement, la meilleure façon de stimuler la reprise de contact avec ses ressources chez un aidé déprimé, c'est de lui faire sentir que l'aidant est tout à fait désireux de mettre ses ressources à sa disposition[12].

Truax et Carkhuff mentionnent également le fait qu'un bon reflet comporte souvent une bonne dose de support, en ce qu'il a pour effet de dédramatiser l'expérience de l'aidé. L'aidant qui reflète un sentiment menaçant pour l'aidé communique en effet à ce dernier le message suivant: «Même ces expériences ou ces sentiments menaçants ou terrifiants ne sont pas terribles au point qu'on ne puisse les toucher et les regarder.»[13]

Il y a toutefois des situations où le support peut prendre des formes plus directes.

6.1 Le *contact visuel intense,* par lequel l'aidant communique à l'aidé qui vit momentanément quelque chose de très dur: «Je te comprends et je suis là.»

6.2 Le *contact physique,* comme par exemple tenir fermement l'épaule de l'aidé pendant qu'il explore en pleurant un aspect douloureux de son vécu. Certains aidants s'abstiennent de tout contact physique avec l'aidé autre que la poignée de main à l'arrivée et au départ, estimant qu'une situation formelle de face à face se prête mal à ce genre de contact. D'autres aidants, par contre, voient la relation d'aide d'abord et avant tout comme une relation humaine, et incluent dans leur répertoire de réponse un large éventail de contacts physiques: tirer au poignet avec un aidé qui a du mal à prendre contact avec son agressivité, masser la nuque et les épaules d'un aidé tendu, etc.

Comme pour toutes les interventions où il est plus actif (implication personnelle, confrontation...), l'aidant doit ici aussi demeurer conscient du fait que ce ne sont pas ses besoins personnels mais ceux de l'aidé qui doivent primer, et se soucier continuellement de réajuster ses interventions en fonction de l'impact qu'elles ont sur l'aidé.

6.3 Les *informations rassurantes* sont utilisées par exemple pour prévenir l'aidé de ses réactions à venir («Étant donné que tu as 'sorti un gros morceau' aujourd'hui, il se pourrait que tu te sentes un peu déprimé durant les prochains jours ou que tu sois même porté à m'en vouloir à moi. Ne t'en fais pas, c'est normal.»), ou pour lui confirmer que son problème a une solution («Les gens qui ont un problème semblable au tien réussissent à peu près toujours à s'en sortir sans complication.»).

Ces interventions sont souvent facilitantes, mais elles peuvent par contre avoir un effet négatif sur la relation si l'aidé découvre qu'elles ne sont pas confirmées par les événements.

7. L'*interprétation* vise à établir des liens entre le comportement actuel de l'aidé et ses causes ou motivations sous-jacentes. Alors que l'élucidation était déduite des communications de l'aidé, l'interprétation établit des liens qui sont moins évidents. Tout se passe ici comme si l'expérience de l'aidant et ses connaissances théoriques venaient suppléer au vide séparant les indices exprimés et les explications qu'il propose pour les comprendre. Des considérations que nous avons faites aux chapitres 7 et 9, il ressort que l'interprétation est plus difficile à faire pour l'aidant et plus difficile à accepter pour l'aidé que le reflet. Mais en même temps, elle constitue souvent l'étincelle qui vient provoquer une prise de conscience très productive pour le cheminement de l'aidé.

8. L'*apport d'information spécialisée* s'effectue soit au plan psychologique, soit au plan de la compétence professionnelle de l'aidant (sexologie, théologie, etc.). En plus d'être un facilitateur pour la démarche d'exploration, l'aidant est aussi un expert disposant de connaissances objectives dont l'aidé peut avoir besoin à un point ou l'autre de sa démarche.

Avant de dispenser cette information, surtout lorsque celle-ci est sollicitée par l'aidé, l'aidant vérifiera si cet apport d'information est vraiment de nature à activer le processus d'exploration, ou s'il ne servira pas au contraire à retarder cette exploration en amenant l'aidé à fuir son vécu pour se réfugier dans l'univers de la théorie.

9. La *question* demande un supplément d'information sur un point précis. Plusieurs interventions de l'aidant revêtent souvent une forme interrogative sans être pour autant des demandes d'information. Par exemple, le reflet: «Comme s'il te prenait pour un enfant?»; l'interprétation: «Se pourrait-il que...?»; la confrontation: «Vous n'avez pas l'impression que...?» la focalisation: «T'es-tu déjà demandé pourquoi?» ou «Peux-tu me donner un exemple de cela?»

La «vraie» question en cause ici cherche à en savoir plus long sur un point ou l'autre de la réalité de l'aidé. Face à celle-ci, les rogériens purs ont une position très claire qui pourrait s'exprimer en deux phrases. Premièrement, s'il s'agit d'un point important, l'aidé va lui-même apporter l'information lorsque celle-ci deviendra pertinente pour lui. Deuxièmement, si l'aidé n'apporte pas l'information, c'est ou bien parce que celle-ci n'est pas pertinente, ou bien parce qu'elle touche à une réalité à laquelle il n'est pas prêt à faire face. Cette position d'abstention absolue se situe à l'extrême opposé de l'approche «médicale» qui consiste à poser toutes les questions nécessaires à la collection des données permettant d'établir le diagnostic et le traitement.

Le désir d'accroître sa compréhension empathique peut parfois amener l'aidant à interroger l'aidé sur son environnement familial ou autre: «Vous avez combien d'enfants à la maison?» ou «Tu as combien de frères et sœurs?»

Ces questions peuvent sembler «naturelles», mais avant de les poser, l'aidant doit se demander quel usage il compte faire de cette information. S'il est incapable de répondre, il doit mettre cette question au compte de la simple curiosité, et s'abstenir. Trop souvent, en effet, de telles questions n'ajoutent aucune information utile et ne font que détourner l'aidé de ce qui l'habite présentement.

L'utilisation des questions doit donc être très modérée à la phase initiale de la relation, où l'aidé explore son vécu. Lors de la phase intermédiaire, où l'aidé essaie de comprendre et donc de faire des liens, l'aidant peut poser quelques questions, un peu comme un détective qui essaie de reconstituer un événement. Par exemple, à l'aidée qui essaie de percer le mystère de ses accrochages chroniques avec son aîné, l'aidant peut se sentir amené à demander: «Étiez-vous mariée quand vous êtes devenue enceinte de votre garçon?» ou encore: «Comment vous sentiez-vous durant la grossesse de cet enfant?»

Enfin, lors de la dernière phase de la relation d'aide, où l'aidant fait équipe avec l'aidé pour établir des scénarios de changement, les sélectionner et les réaliser, certaines questions deviennent pertinentes ici aussi. Par exemple: «Comment telle personne réagirait-elle si tu lui annonçais telle ou telle chose?»

Ceci complète notre tour d'horizon des principaux types d'intervention à la disposition de l'aidant. Cet inventaire n'est pas exhaustif, et chacun pourra l'enrichir, au fil de ses apprentissages et de ses découvertes.

Dans la mesure où son vocabulaire se précise suffisamment pour permettre une observation systématique de son déroulement et de ses résultats, la relation d'aide s'approche d'une science dont on doit apprendre à maîtriser les concepts et les techniques.

Mais dans la mesure où elle devient un lieu privilégié de la rencontre de deux subjectivités, la relation d'aide devient pour l'aidant un privilège dont il ne peut demeurer digne qu'en continuant à investir dans cette aventure.

---

1. TRUAX, C., CARKHUFF, R., *Toward Effective Counseling and Psychotherapy: Training and Practice,* Chicago, Aldine Publishing Company, 1967, p. 291.
2. CARKHUFF, R., *Helping and Human Relations,* Vol. I, New York, Holt, Rinehart Kingston, 1969, p. 21.
3. ROGERS, C., *On Becoming a Person, A Therapist's View of Psychotherapy,* Boston, Houghton Mifflin Company, 1961, pp. 50ss.
4. ROGERS, *On Becoming...,* pp. 187-192.
5. KINGET, M., dans KINGET, M. et ROGERS, C., *Psychothérapie et relations humaines,* Vol. II, 2e édition, Montréal, Institut de Recherches Psychologiques, 1965 (c. 1959), p. 93.
6. CARKHUFF, *Helping...,* Vol. I, p. 36.
7. BRAMMER, L., *The Helping Relationship, Process and Skills,* Englewood Cliffs, Prentice-Hall, 1973, p. 89.
8. Voir HÉTU, J.-L., *Croissance humaine et Instinct spirituel,* Montréal, Leméac, 1980, pp. 172-176.
9. ROGERS, *On Becoming...,* p. 51.
10. CARKHUFF, *Helping...,* Vol. II, p. 91.
11. Voir HÉTU, J.-L., *Quelle Foi? Une rencontre entre l'évangile et la psychologie,* Montréal, Leméac, 1978, pp. 295-296.
12. KINGET, dans KINGET et ROGERS, *Psychothérapie...,* Vol. II, p. 73.
13. TRUAX, CARKHUFF, *Toward...,* p. 286.

APPENDICE

Quatre échelles des interventions de l'aidant

Le psychologue Carkhuff a mis au point un certain nombre d'échelles destinées à mesurer différents aspects de la relation d'aide, autant du côté de l'aidant que de celui de l'aidé[1].

Au delà d'une utilisation plus rigoureuse pour fins de recherche, ces échelles peuvent servir de points de repère intéressants. Un aidant peut ainsi mieux cerner le fonctionnement de l'aidé, ou un observateur peut critiquer d'une façon plus précise les interventions d'un aidant en formation, par exemple.

C'est pourquoi nous examinerons rapidement quelques-unes de ces échelles, en les illustrant par des exemples.

LA COMPRÉHENSION EMPATHIQUE

Niveau 1: L'aidant n'est *pas en contact* avec ce que l'aidé vit dans le moment présent (Il est tendu, distrait, ou préoccupé par autre chose.)

Aidé: «Mon épouse a la manie de me comparer aux voisins quand elle n'est pas satisfaite de moi.»

Aidant: «Est-ce que vous avez des relations étroites avec vos voisins?»

Niveau 2: L'aidant reflète d'une façon *embrouillée* ce qui est communiqué par l'aidé.

Aidé: (comme plus haut)

Aidant: «Ça vous ennuie de vous faire répéter que vous êtes moins bon qu'eux.»

Niveau 3: L'aidant traduit en d'autres mots ce qui est *exprimé* par l'aidé.

Aidé: (comme plus haut)

Aidant: «Lorsque vous ne répondez pas à ses attentes, elle vous le fait sentir indirectement.»

Niveau 4: L'aidant *ajoute* à ce qui est exprimé en reflétant le vécu sous-jacent.

Aidé: (comme plus haut)

Aidant: «Ça vous agace qu'elle prenne des détours.»

Niveau 5: L'aidant reflète le vécu sous-jacent, tout en communiquant qu'il *comprend* ce vécu.

Aidé: (comme plus haut)

Aidant: «Ça serait bon d'être capable de vous parler franchement, votre épouse et vous, n'est-ce-pas?»

LA COMMUNICATION DU RESPECT

Niveau 1: L'aidant communique verbalement et non-verbalement un *manque de respect* évident pour le vécu de l'aidé.

Aidée: «Quand il a appris que j'étais enceinte il y a un mois, il a cessé de me voir et je n'ai pas eu de ses nouvelles depuis.»

Aidant: «Cela ne sert à rien de vous apitoyer sur votre sort. Le passé est le passé.»

Niveau 2: L'aidant manifeste *peu de respect* pour le vécu et le potentiel de l'aidé, soit en ignorant certains sentiments de l'aidé, soit en y répondant de façon impersonnelle.

Aidée: (comme plus haut)

Aidant: «Il faut que vous preniez vos responsabilités, même si vous êtes seule.»

Niveau 3: L'aidant communique du *respect et de la préoccupation* pour le vécu de l'aidé et pour sa capacité d'y faire face.

Aidée: (comme plus haut)

Aidant: «Ça doit être difficile d'assumer seule votre situation comme vous le faites.»

Niveau 4: L'aidant communique un *profond respect* pour ce que l'aidé vit et pour ce qu'il est comme personne.

Aidée: (comme plus haut)

Aidant: «Ça me touche beaucoup, ce qui vous arrive, et je suis heureux de voir qu'en venant ici, vous vous donnez les moyens de passer au travers.»

Niveau 5: L'aidant communique un *profond respect* pour le vécu de l'aidé et *pour son devenir.*

Aidée: (comme plus haut)

Aidant: «Ce que vous vivez, cela m'atteint profondément, et je suis prêt à faire mon possible pour vous aider à vivre cette expérience au mieux.»

LA RÉVÉLATION DE SOI

Niveau 1: L'aidant *demeure à distance* de l'aidé et ne lui révèle aucun de ses sentiments.

Aidée: «Quand je parle de ma peur de mourir, j'ai l'impression que vous n'aimez pas cela. Avez-vous l'impression que je perds mon temps quand je parle de ce sujet?»

Aidant: «Vous ne vous sentez pas productive, quand vous réfléchissez sur cette question?»

Niveau 2: L'aidant *répond brièvement* aux questions de l'aidé, sans dépasser les limites de la question précise.

Aidée: (comme plus haut)

Aidant: «De fait, je ne peux pas dire que c'est un sujet qui me réjouit. Mais je suis ici pour vous.»

Niveau 3: L'aidant prend l'initiative de s'impliquer, mais *sans être très précis et sans donner l'impression de vouloir s'impliquer davantage.*

Aidée: (comme plus haut)

Aidant: «C'est probablement parce que j'ai perdu mon père il y a quelque temps, mais je suis prêt à continuer à vous suivre sur ce sujet.»

Niveau 4: L'aidant *s'implique spontanément* au niveau de ses idées et de son vécu.

Aidée: (comme plus haut)

Aidant: «Je pense que vous voyez juste. Mon père est décédé subitement il y a un mois, et je n'ai pas fini d'intégrer cette expérience. Est-ce que cela vous éclaire un peu?»

Niveau 5: L'aidant *s'implique sans réserve,* en formulant d'une façon positive les contenus qui pourraient remettre l'aidé en question.

Aidée: (comme plus haut)

Aidant: «Je suis heureux que vous releviez cela. Mon père est décédé récemment, alors qu'on commençait à se rapprocher tous les deux. Pour moi, la mort est venue interrompre quelque chose de bon. Cela explique peut-être mes réactions quand vous répétez que la mort règle bien des choses...»

LA SPÉCIFICITÉ DE L'EXPRESSION

Niveau 1: L'aidant laisse l'échange se dérouler à un niveau *impersonnel et vague.*

Aidé: «Je viens de finir un livre sur la sexualité chez l'homme de quarante ans. C'est surprenant de voir combien il y a de dizaines de livres sur le sujet, etc.»

Aidant: «Oui, j'en ai lu un il n'y a pas longtemps moi aussi, et ce livre en était à sa cinquième réimpression, etc.»

Niveau 2: L'aidant laisse l'échange se dérouler à un niveau *personnel mais vague.*

Aidé: (comme plus haut)

Aidant: «Oui, c'est intéressant d'analyser les complexités de ce qu'on peut ressentir à quarante ans face à sa sexualité.»

Niveau 3: L'aidant amène *parfois* l'échange à un niveau *spécifique et concret,* mais sans poursuivre très loin.

Aidé: (comme plus haut)

Aidant: «Quarante ans, c'est à peu près votre âge. Vous êtes-vous retrouvé dans ce livre?»

Niveau 4: L'aidant amène *souvent* l'échange à un niveau *spécifique et concret,* et le *maintient* à ce niveau.

Aidé: (comme plus haut)

Aidant: «L'homme de quarante ans, c'est vous. J'aimerais qu'on regarde ensemble comment vous avez réagi en lisant ce livre.»

Niveau 5: L'aidant facilite *l'expression directe* du vécu de l'aidé à un niveau *spécifique et concret.*

Aidé: (comme plus haut)

Aidant: «L'homme de quarante ans, c'est vous. Comment vous sentez-vous présentement face à votre sexualité en pensant à ce livre?»

Ces échelles permettent donc d'identifier des façons sensiblement différentes d'intervenir auprès d'un aidé. Le principe sous-jacent ici est que les interventions situées aux niveaux un et deux risquent d'être inefficaces, sinon carrément nuisibles, alors que celles situées aux niveaux quatre et cinq sont les plus aidantes.

Il faut toutefois nuancer ce principe, à partir de la disponibilité réelle de l'aidé. En principe, celui-ci retire davantage de profit des interventions plus stimulantes des niveaux quatre et cinq. Mais en pratique, l'aidé n'est pas toujours prêt à accueillir ce type d'intervention et à en profiter, et ce, surtout dans la première phase de sa démarche.

L'aidé utilise habituellement cette première phase de la relation d'aide pour s'acclimater à cette démarche, apprivoiser l'aidant, et amorcer à son rythme l'exploration de son vécu.

Lors de cette phase, l'utilisation massive par l'aidant d'interventions de niveaux quatre et cinq risquerait de s'avérer inutilement menaçante ou bousculante pour l'aidé, et conséquemment, de ralentir le rythme de sa démarche.

C'est pourquoi Carkhuff estime que lors de cette première phase, ce sont les interventions de niveau trois qui ont le plus de chances d'être confortables pour l'aidé et de le préparer aux interventions plus stimulantes des phases subséquentes.

L'objectif pour l'aidant doit donc toujours être non pas de réaliser des performances, mais de se mettre efficacement au service de l'aidé. À cet égard, le principe serait qu'une intervention de l'aidant apparemment banale mais utilisée par l'aidé est préférable à une intervention brillante mais qui demeure inutilisée parce que non pertinente ou prématurée.

---

1. CARKHUFF, R., *Helping and Human Relations,* Vol. II, New York, Holt, Rinehart and Winston, 1969, pp. 315-329.

LISTE DES AUTEURS CITÉS

ARBUCKLE, D., *Counseling and Psychotherapy, An Existential-Humanistic View,* Third Edition, Boston, Allyn and Bacon Inc., 1975.

BECK, C., *Philosophical Foundations of Guidance,* Englewood Cliffs, Prentice-Hall, 1963.

BLOCHER, D., *Developmental Counseling,* New York, The Ronald Press Company, 1966.

BRAMMER, L., SHOSTROM, E., *Therapeutic Psychology: Fundamentals of Actualization Counseling and Psychotherapy,* Second Edition, Englewood Cliffs, Prentice-Hall, 1968.

BRAMMER, L., *The Helping Relationship, Process and Skills,* Englewood Cliffs, Prentice-Hall, 1973.

CARKHUFF, R., BERENSON, B., *Beyond Counseling and Therapy,* New York, Holt, Rinehart and Winston, 1967.

CARKHUFF, R., *Helping and Human Relations,* Vol. I et II, New York, Holt, Rinehart and Winston, 1969.

DE LUBAC, H., *Le mystère du surnaturel,* Paris, Aubier, 1965.

EGAN, G., *Interpersonal Living, A Skill-Contract Approach to Human-Relations Training in Groups,* Monterey, California, Brooks-Cole Publishing Company, 1976.

FRANKL, V., *Man's Search for Meaning: an Introduction to Logotherapy,* New York, Pocket Books, 1963, (c. 1959).

FREUD, A., *The Ego and the Mechanisms of Defense,* Revised Edition, International University Press, 1966, (c. 1936).

HAMACHEK, D., *Encounters with the Self,* New York, Holt, Rinehart and Winston, 1971.

HÉTU, J.-L., *Quelle Foi? Une rencontre entre l'évangile et la psychologie,* Montréal, Leméac, 1978.

HÉTU, J.-L., *Croissance humaine et Instinct spirituel,* Montréal, Leméac, 1980.

JOURARD, S., *Personal Adjustment — an Approach through the Study of Healthy Personality,* Second Edition, London, Collier-Macmillan, 1963, (c. 1958).

JOURARD, S., *The Transparent Self,* Second Edition, New York, Van Nostrand, 1971.

JUNG, C., *Modern Man in Search of a Soul,* New York, Harcourt, Brace & World, 1933.

KELL, B., MUELLER, W., *Impact and Change: A Study of Counseling Relationships,* New York, Meridith Publishing Company, 1966.

KENNEDY, E., *On Becoming a Counselor,* New York, Continuum, 1980.

KENNEDY, E., *Crisis Counseling, The Essential Guide for Nonprofessional Counselors,* New York, Continuum, 1981.

KINGET, M., ROGERS, C., *Psychothérapie et relations humaines,* Vol. I et II, 2ème édition, Montréal, Institut de Recherches Psychologiques, 1965 (c. 1959).

LAPLANCHE, J., PONTALIS, J.-B., *The Language of Psychoanalysis,* New York, Norton, 1973 (c. 1967).

MASLOW, A., *Motivation and Personality,* Second Edition, New York, Harper and Row, 1970.

MASLOW, A., *Toward a Psychology of Being,* Second Edition, Princeton, New Jersey, Van Nostrand, 1968 (c. 1962).

MASLOW, A., Some Educational Implications of the Humanistic Psychologies, in *Harvard Educational Review,* Vol. 38, no 4, 1968.

MASLOW, A., *The Farthest Reaches of Human Nature,* New York, Penguin Books, 1976 (c. 1971).

MCCARTHY, P., BETZ, N., Differential Effects of Self-disclosing Versus Self-involving Counselor Statements, in *Journal of Counseling Psychology,* 1978, vo. 25, No 4.

MUCCHIELLI, R., *L'entretien de face à face dans la relation d'aide. — Connaissance du problème.* Librairie Techniques/Éditions Sociales Françaises, 1967.

MUCCHIELLI, R., *L'entretien de face à face dans la relation d'aide. — Applications pratiques,* Librairies Techniques/Éditions Sociales Françaises, 1967.

PEAVY, V., Existential Reflections on Counseling, dans *Canadian Counsellor,* Vol. 13, 1978-1979.

POHIER, J., *Quand je dis Dieu,* Paris, Seuil, 1977.

REDL, F., WINEMAN, D., *The Agressive Child,* The Free Press, 1957 (c. 1951 et 1952).

ROGERS, C., *La relation d'aide et la psychothérapie,* Vol. I et II, Paris, Les Éditions Sociales Françaises, 1970 (c. 1942).

ROGERS, C., *On Becoming a Person,* Boston, Houghton Mifflin, 1961.

ST-ARNAUD, Y., *La personne humaine,* Montréal, Les Éditions de l'Homme, 1974.

ST-ARNAUD, Y., *La dynamique expert-facilitateur dans la relation d'aide individuelle,* document polycopié, août 1979.

ST-ARNAUD, Y., *La dynamique expert-facilitateur et le rôle de consultant,* document polycopié, août 1979.

TRUAX, C., CARKHUFF, R., *Toward Effective Counseling and Psychotherapy: Training and Practice,* Chicago, Aldine, 1967.

VAN KAAM, A., *The Art of Existential Counseling,* Wilkes-Barre, Penna, Dimension Books, 1966.

WATZLAWICK, P., HELMICK BEAVIN, J., JACKSON, D., Une logique de la communication, (traduction de *Pragmatics of Human Communication*), Paris, Seuil, 1972, (Norton, 1967).

TABLE DES MATIÈRES

Achevé d'imprimer
sur les presses des
Ateliers des Sourds Montréal (1978) inc.
le six août mil neuf cent quatre-vingt-deux